D'apollon à Zeus
la vengeance des dieux

Anne-Catherine
VIVET-RÉMY

Illustrations
Pascale
DESMAZIÈRES

RETZ
1, RUE DU DÉPART
75014 PARIS

DANS LA MÊME COLLECTION

Anne-Catherine VIVET-RÉMY

Les Travaux d'Hercule

Les Voyages d'Ulysse

Agamemnon et la Guerre de Troie

Lancelot et la Table ronde

Brigitte ÉVANO

Érik et Harald, guerriers vikings

Florence LANGEVIN

Shéhérazade et les Mille et Une Nuits

Anne-Marie ZARKA

Jules César et la guerre des Gaules

D'après une idée originale de Bookmaker.

Sommaire

Destinée aux enfants de **CM2** et de **6e — 5e**, la collection *Un récit — des jeux pour découvrir ses classiques* assure une passerelle entre l'école primaire et le collège.

Pour bien préparer l'entrée au collège, il est essentiel de faire découvrir aux enfants les **grands mythes** qui sont à l'origine de notre culture et les épopées historiques des **grandes civilisations** du passé.

Les **héros classiques** continuent de passionner enfants et adultes : leurs aventures, en même temps qu'elles font connaître les cultures antiques ou médiévales, retracent, sur un mode symbolique, toutes les situations caractéristiques de la condition humaine.

La collection *Un récit — des jeux pour découvrir ses classiques* propose **des textes originaux**, découpés en courts épisodes illustrés, faciles à lire, complétés par des pages de **jeux** et de **documentation**.

Ces pages permettent à l'enfant de :

- vérifier sa **compréhension du texte** à partir de questions simples mais fondamentales sur l'action, les personnages, le sens des mots importants ;
- mémoriser le **vocabulaire** en répondant à des charades, en faisant des mots croisés ou d'autres exercices ;
- se constituer un **bagage culturel** grâce aux nombreuses informations qui se rapportent à la civilisation, à la culture, au contexte historique dans lesquels s'inscrit le récit ;
- jouer un **rôle actif dans son apprentissage** grâce aux activités sur le texte qui lui sont proposées.

I

Apollon et Daphné

IL N'EST GUÈRE DE DIEUX qui n'aient pas cédé à la force de l'amour. Le dieu du Soleil, Apollon, y fut soumis comme vous allez le lire dans ces histoires.

Son premier amour eut pour nom Daphné et fut malheureux à cause de la vengeance d'Éros, le fils d'Aphrodite. Qui ne connaît pas Éros sur l'Olympe, lui qui ressemble à un ange et se promène dans les cieux et sur la terre, toujours muni de son arc et de son carquois ? D'ordinaire malicieux et taquin, il se plaît à décocher des flèches qui ont le pouvoir de rendre amoureux qui en est atteint.

Un jour, Apollon surprit l'enfant affairé à tendre la corde de son arc.

— Que fais-tu, enfant avec une arme de héros ? Te prépares-tu à blesser quelque fauve, quelque ennemi ? Pourtant, je n'en vois nulle part, dit le dieu du soleil en regardant autour de lui. En riant, il ajouta :

— Laisse cette arme de héros et amuse-toi plutôt à tes histoires d'amour !

— Moque-toi de moi ! Ne t'en prive pas ! Tes flèches ont tué le terrible Python, n'est-ce pas ? Les miennes, c'est toi qu'elles auront pour cible, répondit gravement Éros.

Et laissant là le dieu, il alla se poster sur la cime du Parnasse. De son carquois, il tira deux flèches. L'une a le bout émoussé et fait haïr l'amour à celui qu'elle atteint. Il l'ajuste et vise Daphné. Il destine la seconde à Apollon. À peine touchée par ce trait, la jeune nymphe dédaigne les hommages et ne veut plus entendre parler d'amour ni de mariage. Afin de ne point être importunée, elle cherche la solitude des forêts et ne se plaît que dans les lieux les plus sauvages, éloignés des villes et des hommes. Mais on la connaît, on la cherche. Alors chaque fois, elle fuit plus loin, refusant d'épouser qui que ce soit, au grand désespoir de son père, le fleuve Pénée.

— Quand donc aurai-je un gendre ? Quand donc daigneras-tu m'accorder la joie de gâter mes petits enfants ?

À ces mots, la nymphe rougissait toujours et ne répondait rien. Comment avouer à son père que le mariage lui faisait horreur ? N'osant dévoiler le fond de son cœur, elle se suspendait à son cou et le suppliait, inlassable, de lui permettre de suivre l'exemple d'Artémis qui jamais n'avait eu d'époux. Tant de constance conduisit Pénée à céder. Le père ne regretta pas sa décision tant la joie de sa fille lui fit plaisir à voir. Toute à sa liberté, la nymphe ne se lassait pas de courir dans les bois, visitait chaque grotte, goûtait l'eau de chaque source, de chaque brin d'herbe.

Elle ignorait, hélas, qu'Éros avait blessé Apollon d'une autre flèche. Une flèche dont la pointe était aiguë et rendait fou d'amour celui qu'elle touchait. Depuis cette blessure, Apollon ne quittait plus des yeux Daphné, séduit par son charme et sa beauté sauvage. La posséder, s'unir à elle, telle est la pensée qui brûle en lui, jour et nuit. On eût dit que le cœur du dieu s'était embrasé à sa vue. Comme les buissons prennent feu, au petit matin, quand un voyageur imprudent laisse quelques braises derrière lui. Tout augmentait sa passion. La voyait-il les cheveux

« Depuis cette blessure, Apollon ne quittait plus des yeux Daphné, séduit par son charme et sa beauté sauvage. »

défaits après une course solitaire, il l'imaginait aussitôt plus belle encore avec une coiffure sage. Bientôt, il la suit, la poursuit, la traque. Comme une source jaillit d'une entaille dans la roche, mille compliments s'échappent de ses lèvres amoureuses. Il lui dit que ses yeux sont des astres, sa bouche la chair d'un fruit ; il lui dit que ses poignets, ses mains, ses doigts sont incomparables. Mais, légère, la nymphe fuit ses paroles flatteuses.

— Reste. Tu t'échappes, tremblante comme la brebis ou la colombe. Je ne te poursuis que parce que je t'aime. Arrête-toi, je t'en prie ! À te voir courir ainsi, je crains que les ronces et les épines ne griffent et ne déchirent la peau fragile de tes jambes. Arrête, je ne veux te causer aucune douleur. Ne dévale pas cette pente caillouteuse. Tu vas t'y meurtrir les pieds.

Mais Daphné ne modère pas sa course. Éperdue, elle fuit toujours. Peu lui importe d'apprendre l'identité de celui qui la harcèle. Elle se moque de savoir qu'il n'est ni un rude bouvier, ni un chevrier grossier, mais Apollon, le dieu vénéré à Delphes.

Si la nymphe ne se lasse pas de le fuir, lui ne se lasse pas de la poursuivre et de l'étourdir de paroles. Il est le dieu qui sait l'avenir des hommes, l'archer divin, le musicien prodigieux qui charme quiconque entend sa lyre. « À quoi bon avoir inventé la médecine ? Les hommes tirent profit de cette science alors qu'aucun remède ne parvient à me soulager de cet amour qui me consume », se lamente-t-il.

La peur décuple les forces de la jeune nymphe. Elle parvient, dans un effort suprême, à laisser là le dieu et son discours inachevé. Il la regarde, loin devant lui. Daphné brave le vent qui la frappe de plein fouet. Il s'engouffre dans ses voiles, dénudant ses longues cuisses musclées, sa gorge pleine, et joue, facétieux, avec ses longs cheveux. La fuite la rend encore plus belle, songe en lui-même Apollon.

En la voyant ainsi, à demi nue, une ardeur subite envahit le jeune dieu. Plus de paroles, plus de tendres propos. C'est maintenant le prédateur qui veut sa proie. C'est maintenant la victime qui cherche son salut dans la fuite. L'un puise ses forces dans l'espoir, l'autre dans la peur. Mais l'amour rend Apollon plus rapide. Déjà sa main frôle le dos de Daphné ; déjà, il voit les fins cheveux de sa nuque frémir sous son souffle rauque. Si proche d'elle, il devine sa fatigue.

Un fleuve est là qui coupe toute retraite à la fugitive.

— Pénée, mon père, fleuve divin, je t'en prie, fais disparaître ce corps qui me rend désirable !

Oui, son père l'a entendue car ses membres s'engourdissent, ses cheveux deviennent feuillage, ses bras des branches, son corps un tronc. Même ainsi, Apollon l'aime encore. Il caresse l'arbre qu'elle est devenue, bouleversé de sentir les battements accélérés du cœur de son aimée sous l'écorce neuve. Ses doigts courent sur le tronc, sur les branches, glissent sur les feuilles tendres. Il baise fougueusement le bois qui semble chercher à se dérober à son étreinte.

— Soit ! Puisque tu te refuses farouchement à être mon épouse, tu seras mon arbre. À partir de ce jour, tes feuilles orneront mon front, ma cithare et mon carquois et, en toutes saisons, le laurier que tu es gardera son feuillage.

Les feuilles s'agitèrent. Était-ce le vent qui jouait dans les branches ou Daphné qui acquiesçait aux paroles du dieu qui l'avait aimée d'amour impossible ?

Jeux

I

Apollon et Daphné

1 Prénoms imbriqués

Les cases de la grille ci-dessous contiennent les syllabes de 7 prénoms d'origine grecque. Retrouve ces prénoms.

Voici un indice pour t'aider.
Chaque prénom contient l'un des sons :
- [t] écrit « th » ;
- [f] écrit « ph » ;
- [k] écrit « ch ».

PHI	CA	PHI	PPE
A	NE	RI	PHNÉ
GA	DA	LI	THE
DEL		THE	NE

Complète ensuite les phrases.

1 - A.................. est un prénom féminin en même temps qu'une pierre précieuse. En grec, ce prénom signifie « bonne ».

2 - C.................. a pour diminutif Cathy. *Katharos*, en grec, signifie « pur ».

3 - D.................. est le prénom de l'héroïne de l'histoire que tu viens de lire.

4 - D.................. est un prénom féminin construit sur le mot *Delphes* où se trouvait le plus grand temple consacré à Apollon.

5 - P.................. est un prénom masculin signifiant « celui qui aime les chevaux ». Son origine vient du grec *philos* = « ami » et *hippos* = « cheval ».

2 À chacun son métier

Relie chacun de ces dieux à sa fonction.

1 - Apollon	a - dieu de l'Amour, fils d'Aphrodite
2 - Héphaïstos	b - dieu de la Guerre
3 - Éros	c - dieu du Soleil
4 - Arès	d - dieu du Feu et des Métaux

**Apollon est le dieu solaire.
Il est aussi le symbole
de la beauté masculine.
Malgré sa beauté et sa gloire,
ses amours furent
malheureuses.**

Fiche d'identité

Apollon

Portrait

Toujours jeune, sans barbe. Porte un arc et des flèches (les rayons du soleil), la lyre (harmonie des cieux) ; sa chevelure est flottante et ceinte d'une couronne de laurier.

Signes particuliers

Lorsqu'il conduit le char du Soleil, on l'appelle Phoibos (« le Brillant ») ou Phébus ; sur la Terre et aux Enfers, on le nomme Apollon. Il chante et joue merveilleusement de la lyre.

Né de :
Zeus et Léto, dans l'île de Délos.

Frère jumeau de : Artémis.

Époux de : personne.
Il aima entre autres Cassandre qui, ayant obtenu le don de prophétie, ne voulut pas s'unir à lui. Pour la châtier, Apollon lui retira le pouvoir d'être crue. Ainsi, personne ne voulut la croire lorsqu'elle annonça que des soldats grecs étaient à l'intérieur du cheval de Troie et qu'ils détruiraient la ville.

Père de : Esculape, qu'il eut de la nymphe Coronis, et de Phaéton, le plus célèbre des nombreux enfants nés de Clyméné.

Profession :
dieu du Soleil qui donne la lumière, de la Musique et de la Poésie.

Adresse : l'Olympe, dont Zeus l'exila deux fois.

Animaux : le dauphin et le corbeau.

Arbre : le laurier (en souvenir de Daphné).

Lieux où sont rendus ses oracles :
Délos et surtout Delphes.

II

Apollon et Leucothoé

DÉCIDÉMENT, Apollon fut un amant malheureux. Jugez-en par cette nouvelle histoire.

Apollon qui voit tout, entend tout, surprend un jour Arès et Aphrodite se livrant à l'amour. Il en est indigné car Aphrodite est l'épouse d'Héphaïstos, le dieu forgeron. Lorsque Apollon avertit de la chose le mari, ce dernier abandonne aussitôt l'objet qu'il était en train de façonner pour fabriquer un filet dont les mailles de bronze sont bientôt aussi fines que les fils d'une toile tissée par une araignée. Ainsi les deux amants n'auront aucune chance de lui échapper lorsqu'il le jettera sur eux, songe-t-il. Reste à les surprendre. Il les surveille alors mais n'a guère à attendre. Voilà Arès et Aphrodite qui s'étendent sur le lit. À peine s'étreignent-ils qu'Héphaïstos surgit, les enserre de son filet puis s'en va ouvrir toutes grandes les portes de la chambre. Tous les dieux, prévenus de la chose, entrent alors. Les deux amants restent sans geste et sans voix, autant à cause de la honte qu'à cause de la nasse qui les enferme. L'un des spectateurs s'exclame :

— Si pour obtenir les faveurs d'Aphrodite il faut connaître la honte, j'en accepte volontiers le prix !

Et tous de rire.

Pendant longtemps, l'on commenta cette histoire sur l'Olympe !

Mais Aphrodite veut se venger de cet affront public. Elle veut même qu'Apollon soit dénoncé dans ses amours secrètes comme elle l'a été dans les siennes... La déesse de l'Amour use donc de ses armes : elle rend Apollon fou amoureux.

— Que se passe-t-il dans le ciel ? Le soleil est-il devenu fou ? se demandent les hommes épouvantés.

Plusieurs jours durant, ils voient l'astre de feu ou se lever plus tôt ou se coucher plus tard ou même s'éclipser, livrant ainsi la terre à l'obscurité la plus profonde.

C'est qu'Apollon est amoureux. Il aime Leucothoé. Lui qui voyait tout, ne voit plus qu'elle, oubliant d'éclairer les hommes. Lui, dont les rayons dispensaient à la terre lumière et chaleur, brûle lui-même des feux de l'amour.

Elle est si belle, celle qu'il aime, qu'une nuit, n'y tenant plus, il abandonne ses fougueux coursiers dans les pâturages célestes, sous le ciel d'Hespérie. C'est là, en effet, que les chevaux du Soleil se nourrissent non pas d'herbe fraîche, mais de la divine ambroisie. Celle-ci redonne force à leurs membres fatigués par la longue course quotidienne qu'ils accomplissent dans le ciel d'est en ouest, guidés par Apollon. À peine descendu de son char, il approche de celle qu'il aime.

À la nuit tombée, il entre dans la chambre de Leucothoé, mais pour que nul ne soit informé de son amour, qu'il veut tenir secret, il a pris les traits de sa mère. Enfin il est près d'elle ! Si près d'elle qu'il peut respirer le parfum de son corps. À la clarté des torches, elle est occupée à filer au milieu de ses servantes.

— Femmes, laissez-nous seules ! leur ordonne le dieu.

Une fois avec la jeune fille, il lui dit :

— Je ne suis pas ta mère, je suis le dieu qui voit tout, entend tout : Apollon. Je t'aime. Crois-moi !

Les mains tremblantes de Leucothoé lâchent les fuseaux et la quenouille. « La peur la rend encore plus belle », se dit Apollon qui a repris son apparence divine.

Le dieu alors s'avance et, amoureux, l'étreint dans ses bras. Silencieuse et terrorisée, la jeune fille lui cède.

Sur l'Olympe, Aphrodite est satisfaite. Mais pour que sa vengeance soit complète, tous doivent savoir, dieux et hommes, que Leucothoé a été déshonorée par Apollon. Dans ce but, elle apprend la nouvelle à Clytie, une jeune fille que le dieu avait passionnément aimée quelque temps auparavant et qu'il avait délaissée pour Leucothoé.

Clytie, mise hors d'elle par la jalousie, va partout publiant haut et fort cet amour ! Elle dénonce même Leucothoé à son père afin de nuire à sa rivale.

Fou de rage, déshonoré aux yeux de tous, celui-ci veut punir sa fille. Il l'entraîne hors du palais bien qu'elle crie son innocence :

— Mon père, je n'y suis pour rien. Je ne voulais pas. Mais que peut une mortelle contre la volonté d'un dieu ?

Sourd à ses prières, ce père barbare fait creuser une fosse et, sans pitié, il y pousse la jeune fille. Bientôt le sable la recouvre tout entière, étouffant ses cris.

Voyant cela, désespéré, Apollon, de ses rayons, pratique une ouverture dans la fosse afin que Leucothoé puisse au moins respirer. Mais, hélas, le poids de la terre a eu raison de sa vie. Elle ne peut plus lever la tête : elle est morte ! Bouleversé, le dieu du Soleil veut réchauffer ce corps que la mort a glacé. Vains efforts !

Alors le dieu verse le nectar, boisson divine, sur la tombe de sa bien-aimée et proclame :

— Tu es morte, mais ton parfum s'élèvera dans le ciel !

C'est alors que, de la terre, s'éleva une tige d'encens en mémoire de Leucothoé qu'Apollon aima d'amour fou.

« À la nuit tombée,
il entre dans la chambre de Leucothoé... »

Et Clytie ? Si maintenant elle n'avait plus de rivale, sa méchante action ne lui rendit pas l'amour d'Apollon. Plus jamais le dieu de la Lumière ne revint la réchauffer de sa tendresse.

Affligée, malheureuse, elle quitta ses compagnes pour rester assise, seule, sous le ciel vide, sa belle chevelure éparse sur ses épaules. Elle ne s'alimenta plus et ne but plus que la rosée et ses larmes, le visage tourné vers le Soleil. Elle resta ainsi si longtemps qu'on raconte que ses pieds prirent racines, que son corps devint une pâle tige et que son visage devint rouge. Ainsi retenue au sol par ses racines, elle continua malgré tout à suivre du regard, chaque jour, la course de son cher Soleil dans le ciel.

Sans doute avez-vous reconnu dans cette métamorphose la violette, même si certains disent qu'il faut y voir l'héliotrope, connu aussi sous le nom de tournesol ou « soleil ».

Jeux

II

Apollon et Leucothoé

1 Charades

A — Mon premier compte 365 jours.
Mon deuxième est le résultat de 10 X 10.
Mon tout dégage un parfum suave quand on le brûle.

Réponse : ....

B — Mon premier peut être très gros lorsqu'on le gagne à la loterie.
Mon deuxième est très apprécié en Asie.
Mon troisième délimite les champs.
Mon tout est la plante consacrée à Apollon.

Réponse : ....

C — Mon premier est indispensable au potier pour travailler.
Mon deuxième peut se faire avec des lacets.
Mon troisième est une clé en musique.
Mon tout est une fleur qui ressemble au soleil.

Réponse : ....

2 Culture générale

Voici un message codé : certaines lettres ont été remplacées par des symboles.

Pour percer son secret voici un indice :

◑ phr⊗ d⨂ t◐ est la déesse de l'amour.

Les histoires que tu viens de lire, et bien d'autres dans ce livre, sont adaptées d'un livre intitulé *Les M◐ t◑ m⊗ rph⊗ s◐ s*, écrit par un auteur latin nommé ⊗ v⨂ d◐ .

Réponse : ....

Documentation

II

Les nymphes

Les nymphes sont des divinités qui peuplent la nature. Quand elles vivent dans les forêts, elles portent le nom de **dryades**. Lorsqu'elles habitent les rivières, les sources, les eaux courantes, on les appelle **naïades** (du mot grec *naiein* qui signifie « couler »). On les disait filles de Zeus ou des fleuves. Elles sont représentées comme des jeunes filles très jolies, bras et jambes nus, avec une longue chevelure flottant sur leurs épaules et parée de fleurs. Sensibles à la beauté des jeunes mortels, elles tentent de les séduire et se vengent d'eux, parfois très cruellement, s'ils leur résistent.

L'ambroisie et le nectar

Si, comme nous, les dieux mangent et boivent, la nature de leur nourriture et de leur boisson est bien particulière. L'ambroisie et le nectar, servis aux banquets olympiens par la déesse Hébé, dont le nom signifie « jeunesse », ou par le mortel Ganymède ont le pouvoir de leur conférer l'immortalité.

L'ambroisie, aliment solide « neuf fois plus doux que le miel », est leur nourriture. *Ambrosia* signifie d'ailleurs en grec « immortalité ».

Le nectar est la boisson des dieux qu'ils savourent exclusivement dans des coupes d'or. Ce breuvage ne peut donc qu'être délicieux ! Voilà pourquoi l'on attribue aujourd'hui à certains jus de fruits le nom de « nectar ». Mais ils ne confèrent pas l'immortalité !

Hélas, les poètes et les spécialistes de la mythologie ne nous ont jamais renseigné sur l'aspect de ces aliments.

III

Le défi d'Arachné

Un mortel ne doit jamais se comparer aux dieux ! Vous allez apprendre ce qu'il en a coûté à la jeune fileuse Arachné qui osa défier Athéna, déesse des Sciences et des Arts.

Bien qu'issue d'un milieu modeste et simple (son père travaillait à teindre la laine avec la pourpre tirée de la mer), Arachné était devenue très célèbre dans son pays. C'est que personne ne l'égalait dans l'art du tissage. On venait de partout pour admirer son talent. Nymphes des forêts et des eaux accouraient pour la regarder manier fuseaux et quenouilles ou aiguilles à broder. Ses doigts étaient agiles, rapides, si vifs même qu'on avait du mal à suivre leurs mouvements à l'ouvrage. On était étonné lorsqu'ils s'arrêtaient.

— Pourquoi t'arrêtes-tu, Arachné ? Tu es fatiguée ?

— Mais j'ai fini ! s'exclamait en riant la jeune fileuse.

Et toutes de s'extasier sur la beauté de la toile qu'elle leur tendait.

Comme on aimait autant la voir travailler qu'admirer les étoffes qui naissaient sous ses doigts experts, l'atelier ne désemplissait pas. Un jour, croyant lui adresser un compliment, une admiratrice lui demanda si elle avait été l'élève d'Athéna.

— Non ! répondit-elle, fâchée qu'on pût croire qu'elle avait été formée par un maître, fût-ce une déesse. Qu'elle vienne donc se mesurer à moi ! Si elle l'emporte, je me soumets à tout.

Une vieille femme aux cheveux blancs, appuyée sur un bâton, s'approche alors d'elle.

— Si la vieillesse vous prodigue bien des maux, elle vous apporte aussi l'expérience. Tes propos me paraissent bien téméraires, ma fille. Écoute donc mon conseil. Tu peux te dire la fileuse la plus experte d'entre toutes les mortelles. Mais garde-toi bien de prétendre égaler une déesse ! C'est une offense qu'elle ne te pardonnera pas, sauf si tu l'implores.

Arachné cesse de filer pour regarder la vieille. Sous le coup de la colère, elle a du mal à retenir sa main prête à frapper celle qui vient de parler.

— La vieillesse t'a ôté la raison. Vivre aussi longtemps est bien malheureux ! réplique Arachné. Garde tes conseils pour ta fille ou ta bru. Moi, je n'en ai que faire ! Je maintiens ce que j'ai dit. Et si Athéna est offensée, qu'elle relève donc le défi que je lui lance !

— C'est moi et je suis à tes côtés.

Et sous les yeux éberlués de l'assemblée, la vieille femme devient Athéna, la déesse aux yeux pers. Chacune des femmes et des nymphes présentes s'incline devant la fille de Zeus. Il n'est qu'Arachné pour rester de marbre. Seule une légère rougeur sur ses joues, bien vite évanouie au demeurant, trahit son émotion. On eût dit la lueur rose dont le ciel se revêt à l'aube et que le soleil absorbe sitôt qu'elle paraît.

— Soit ! Je relève ton défi, dit alors Athéna à l'indomptable Arachné.

La jeune fille ne se doute pas alors qu'elle court à sa perte en persistant dans sa décision.

« Les voici maintenant toutes deux à l'ouvrage.
Aucune ne ressent la fatigue tant elles y mettent d'ardeur. »

Les voici maintenant toutes deux à l'ouvrage. Aucune ne ressent la fatigue tant elles y mettent d'ardeur. Elles tissent sans s'arrêter, usant de toutes les couleurs, des plus claires aux plus foncées, si bien qu'on croirait voir se déployer un arc-en-ciel sur la toile qui naît sous leurs doigts agiles. Toutes deux racontent les histoires d'un temps très ancien.

Athéna a choisi pour motif la lutte qui l'opposa à Poséïdon pour la ville d'Athènes. Zeus y figure ainsi que douze autres dieux, graves et imposants. De son trident, le dieu des Flots frappe un rocher d'où s'échappe une eau azurée. Elle-même, Athéna, est là avec son bouclier, son casque et l'égide sur sa poitrine. Là où s'est fichée sa lance, un olivier couvert de ses fruits a jailli de terre.

Enfin, pour qu'Arachné comprenne bien de quel prix elle paiera sa hardiesse, elle ajoute aux quatre coins de l'étoffe de minuscules personnages qui figurent les terribles métamorphoses que subirent les mortels ayant outragé les dieux.

Et pour achever son œuvre, elle borde l'étoffe d'un liséré de rameaux d'olivier.

Quant à Arachné, elle représente toutes les fautes, toutes les violences que les dieux ont fait subir aux mortelles qu'ils convoitaient.

Voici Zeus en taureau qui poursuit Europe apeurée et jetant des regards éperdus. Voici Léda enserrée sous les grandes ailes d'un cygne qui n'est autre que Zeus. On le retrouve encore sur la toile, ici sous les traits d'Amphitryon pour séduire Alcmène, ou sous la forme d'une pluie d'or inondant Danaé.

Arachné figure aussi Poséïdon, ici en bélier, là en cheval, ailleurs en oiseau, ou encore en dauphin, mais toujours occupé à abuser de malheureuses mortelles. Puis Arachné achève sa toile en la bordant d'une lisière où se mêlent des rameaux de lierre et des fleurs légères. Enfin, elle s'arrête et effleure son front luisant de sueur.

Athéna regarde l'œuvre de sa rivale : il n'est rien à redire devant tant de perfection. Alors la déesse, telle une furie, se jette sur l'étoffe richement colorée qu'elle lacère. Mais sa rage est telle, qu'avec sa navette elle frappe violemment le front d'Arachné.

La jeune fille ne supporte pas cet outrage : elle se retire. Loin des regards, elle prend un lacet qu'elle noue autour de sa gorge et se pend. Lorsque Athéna la découvre, elle en conçoit quelque pitié.

— Tu vivras, lui dit-elle, mais tu resteras ainsi suspendue, toi et ta descendance.

Puis elle cueille une herbe dont elle a le secret, en extrait un suc qu'elle répand sur la jeune fille. Aussitôt tombent les cheveux, le nez, les oreilles d'Arachné tandis que son visage et son corps rétrécissent. Ses doigts longs et maigres se fixent sur ses côtes et lui tiennent bientôt lieu de jambes. Ainsi transformée, il semble qu'elle ne soit plus qu'un ventre.

C'est ainsi que naquirent les araignées qui ne cessent, à l'exemple de leur fameuse ancêtre Arachné, de tisser le fil de merveilleuses toiles.

Jeux

III

Le défi d'Arachné

1 À compléter

Vocabulaire Athéna est dite dans le texte « la déesse aux yeux pers ». Cet adjectif désigne une couleur où le bleu domine. Mais ce mot a de nombreux homonymes : *perd, paire, pair, père.*

Ouvre l'œil et complète les phrases suivantes.

1 - Hermès, le messager des dieux, porte une .... de sandales munies de petites ailes.

2 - Zeus est le .... d'Athéna.

3 - Arachné .... la tête en défiant la déesse des Sciences et des Arts.

4 - Les dieux olympiens sont douze. C'est un nombre ....

2 Devinette

En t'aidant du texte que tu viens de lire, réponds à cette devinette.

Qui suis-je ?

Un jour où j'allai me baigner,
Je vis un cygne vers moi se hâter
Car par un aigle il était pourchassé.
Je pris la pauvre bête entre mes bras,
Ignorant que Zeus abusait de moi.
De cette union naquit ma fille Hélène
Celle qui provoqua la terrible guerre de Troie.

Réponse : ....

3 Vrai ou Faux ?

Es-tu un lecteur attentif ? Coche la bonne case.

1 - Athéna est la déesse des Sciences et des Arts.

V F

2 - Athéna a tissé les métamorphoses des dieux.

V F

3 - Elle achève sa toile avec un liséré de lauriers.

V F

4 - Arachné a tissé les métamorphoses de Zeus et de Poséidon.

V F

5 - Elle borde sa toile d'un liséré de rameaux de lierre et de fleurs légères.

V F

6 - Athéna frappe le front d'Arachné avec un poignard.

V F

4 Mots mêlés

Retrouve des noms propres cités dans ce chapitre. Attention ! ces mots peuvent être écrits à l'endroit, à l'envers, horizontalement, verticalement ou transversalement.

Liste : Arachné - Artémis - Poséidon - Zeus - Apollon - Europe - Léda - Amphitryon - Danaé - Athéna.

N	O	Y	R	T	I	H	P	M	A
			S					T	R
		U	A				H	A	A
	E	U	R	O	P	E		P	C
Z			T	D	N			O	H
			E	A	D	E	L	L	N
			M	N				L	E
			I	A				O	
	P	O	S	E	I	D	O	N	

La fille favorite de Zeus conseille les dieux et les mortels et protège les héros dans leur lutte pour le Bien. Découvre ses autres particularités...

Fiche d'identité

Athéna

Portrait

Beauté simple, modeste. Air grave, plein de noblesse, de force et de majesté. Elle porte un casque, une lance, un bouclier et l'égide.

Signes particuliers

Fille préférée de Zeus. Avec Arès, elle est la seule à porter l'égide de son père. Elle a le pouvoir de donner le don de prophétie et de prolonger la vie des mortels. Se montre juste et clémente (sauf dans l'histoire d'Arachné).

Née de : Zeus.
Celui-ci apprit que si Métis, la mère, mettait elle-même au monde son enfant, ce dernier le détrônerait. Zeus dévora donc Métis qui était sur le point d'accoucher. Athéna sortit tout armée du crâne de son père, après qu'Héphaïstos eut donné un coup de hache sur la tête de Zeus qui se plaignait de maux de tête.

Sœur de :
Arès, Héphaïstos et de bien d'autres (voir la fiche d'identité sur Zeus).

Épouse de : personne.
Athéna ne voulut jamais se marier et resta vierge.

Profession :
déesse de la Sagesse, de la Guerre, des Sciences et des Arts.

Adresse : l'Olympe.

Animaux : la chouette et le dragon.

Arbre : l'olivier, dont elle fit don aux Athéniens.

Sanctuaire :
le plus célèbre est à Athènes.

Équivalent latin : Minerve.

IV

Actéon et Artémis

IL EST UNE DÉESSE sur laquelle Aphrodite n'a jamais eu aucun pouvoir. C'est Artémis, la déesse chasseresse, l'amante solitaire des bois et des montagnes. Jamais ni son cœur ni son corps n'ont connu l'amour.

Elle est la fille de Zeus et de Léto à la sombre robe, l'une des divinités de la nuit. Mais aussitôt qu'Héra, l'épouse légitime de Zeus, sut qu'elle portait deux enfants de son mari, elle envoya le terrible Python à sa poursuite. La malheureuse Léto parcourut ainsi le monde entier jusqu'au jour où, sur les ailes du Vent du Sud, elle arriva sur l'île flottante d'Ortygie (qui plus tard se trouva au centre du monde grec et prit le nom de Délos). C'est là qu'elle mit au monde d'abord une fille Artémis, puis sept jours plus tard, un fils, Apollon.

On raconte qu'un jour où son père Zeus lui demandait quel cadeau elle désirait, Artémis, alors âgée de trois ans, répondit :

— Comme à mon frère, donne-moi un arc et des flèches. Et puis une tunique courte de chasse de couleur safran. Il me faut aussi de nombreuses nymphes pour m'accompagner à la chasse et nourrir mes chiens. Et puisque tu as confié à Apollon la charge d'apporter aux hommes la lumière du jour, confie-moi celle de leur apporter la nuit.

Et sur ces mots, la fillette assise sur les genoux de son père, se dressa pour toucher sa barbe. Avec un sourire empreint de fierté, Zeus accéda à toutes les demandes de sa fille, y compris celle de ne jamais se marier, exigence qu'elle formula l'instant d'après. Et tout se passa ainsi qu'Artémis l'avait demandé.

Devenue femme, à tout et à tous, elle préfère les courses vagabondes, accompagnée de ses nymphes fidèles, farouches et sauvages comme elle. Rien ne lui plaît tant que de courir, chaussée de sandales et vêtue de sa tunique courte. Pour toute parure, elle n'a que ses cheveux épars sur sa nuque et, à son épaule, son arc et son carquois garni de flèches acérées. Malheur à celui qui l'offense car ses châtiments sont terribles !

La terre est brûlante et se fend sous l'ardeur des rayons que dispense le dieu du Soleil. À cette heure du jour, il n'est plus d'ombre où se protéger. Il est midi et toute la nature se tait. Pourtant une voix retentit :

— Arrêtons-nous ! Notre chasse a été fructueuse et nous ne rentrons pas bredouilles. Nous reviendrons demain ici même car jamais je n'ai vu d'endroit aussi giboyeux.

C'est Actéon, le fils du roi, qui vient de parler. Ses compagnons l'approuvent en épongeant d'un revers de bras la sueur qui coule sur leur front. Tandis que certains rappellent les chiens, d'autres rassemblent les épieux et les filets ensanglantés. Il fait trop chaud pour repartir et la troupe de chasseurs se dirige vers une petite vallée couverte de pins et de cyprès. C'est là qu'il fera bon se reposer pendant la canicule, à l'ombre épaisse des fourrés ! Actéon, quant à lui, préfère aller se promener. À peine s'est-il éloigné de quelques pas de ses compagnons que ses chiens se lèvent et le suivent en aboyant de plaisir et en agitant la queue. Hélas ! le jeune homme ne sait pas que cet endroit est consacré à Artémis.

« Alors, puisant de l'eau entre ses mains,
elle en inonde le visage du jeune homme. »

Au plus épais de ce val, la nature a creusé une grotte voûtée dans la roche. Tout au fond, une source jaillit et se répand dans une vasque profonde où la déesse aime à venir se baigner après une chasse ardente. La voici. Les nymphes rient, impatientes de se rafraîchir dans cette eau limpide et bienfaisante après une course harassante. Elles s'affairent autour de la déesse. L'une, agenouillée, délace ses sandales ; l'autre noue les cheveux de la chasseresse court-vêtue ; la suivante reçoit l'arc détendu et le carquois ; la dernière, la tunique qu'Artémis lui tend. Nue, la déesse gagne la vasque et prend plaisir, comme ses compagnes, à sentir l'eau ruisseler sur son corps.

Actéon erre sans but. Il ignore que le destin guide ses pas vers la grotte... Il y pénètre. Saisi par le spectacle qui s'offre à ses yeux, il ne peut détacher son regard de la plus belle d'entre toutes ces femmes nues, Artémis. Il n'entend pas les cris effarouchés des nymphes qui, tout en cherchant à cacher leur nudité, forment un rempart devant la déesse. Elle a tourné la tête mais ses armes sont trop loin pour châtier l'imprudent. Alors, puisant de l'eau entre ses mains, elle en inonde le visage du jeune homme.

— Voyons si tu pourras te vanter de m'avoir vu nue !

Et en même temps que la déesse profère ces paroles, voilà que, sur la tête d'Actéon, se dresse la ramure d'un cerf, que son cou s'allonge, que ses oreilles s'étirent en pointe. Ses mains sont devenus des sabots, ses bras de longues pattes et un pelage tacheté recouvre tout son corps. Empli de crainte, Actéon baisse les yeux et s'apprête à fuir lorsqu'il voit son reflet. Cerf ! Artémis l'a métamorphosé en cerf ! Il veut dire sa surprise, mais ne laisse échapper qu'un gémissement. Que faire ? La honte l'empêche de retourner chez son père et la crainte lui fait redouter de se cacher dans les bois. Mais qu'est-ce que ce grondement derrière lui ? Il se retourne et voit alors ses propres chiens, babines retroussées et crocs menaçants. Sans réfléchir davantage, il prend son élan, se fraie un passage et gagne l'extérieur. Vite, plus vite, toujours plus vite, Actéon court sur les sentiers de terre, gagne les éboulis de rocs, se réfugie sur les escarpements les plus vertigineux. Mais la meute ne se décourage pas et le talonne. Comme il voudrait aujourd'hui suivre et non précéder ses propres serviteurs ! Il veut leur crier : « C'est moi, Actéon, votre maître ! », mais il est privé de voix et ne garde du jeune homme qu'il a été que sa raison. Une plainte lui échappe. L'un de ses chiens vient de lui mordre le dos. Puis un autre se suspend à son épaule. Bientôt, ils sont là tous, à déchirer son pauvre corps où il n'est plus un endroit qui ne soit meurtri.

Les aboiements ont alerté les compagnons d'Actéon qui ont tôt fait de rejoindre les chiens. Ignorant tout du drame, ils félicitent les animaux d'avoir débusqué une proie de si belle taille mais s'étonnent qu'Actéon ne soit pas avec eux.

— Actéon ! appelle l'un.

— Actéon ! reprend l'autre.

— Mais où est-il donc ? Dommage qu'il ne puisse voir ça !

À l'appel de son nom, Actéon, devenu cerf, a tourné la tête vers eux. Tombé sur les genoux, de ses yeux suppliants, il leur adresse une prière muette. Lui voudrait être loin, mais il est bien là, hélas, victime et non spectateur des terribles exploits de ses chiens de chasse dont les museaux s'enfoncent dans ses entrailles. Sans le savoir, ils déchirent leur maître que la déesse chasseresse a métamorphosé en cerf.

La vengeance d'Artémis ne fut assouvie que lorsque Actéon se fut vidé de son sang et que son cœur cessa de battre…

Jeux

IV

Actéon et Artémis

1 Culture générale

Vocabulaire Dans le texte, les chasseurs se reposent lorsque le soleil est au *zénith*, ce qui veut dire «à son point culminant».

Voici trois vignettes qui illustrent des étapes de la course du soleil, de son lever à son coucher. Écris sous chacune le mot qui convient : aurore, crépuscule, zénith.

....

2 Histoires de bêtes

Complète le tableau grâce à la liste de mots.

Liste : laie - forêt - biche - levraut - faon - bauge - brame - marcassin - hase.

Animal	Femelle	Petit	Habitation	Cri
sanglier	....	....	....	grommellement
lièvre	....	....	gîte	couinement
cerf	....	....	....	....

3 À compléter

Vocabulaire Tu sais que des synonymes sont des mots qui peuvent en remplacer d'autres parce qu'ils ont sensiblement le même sens. Par exemple : métamorphose = transformation, changement.

À la lecture de ce chapitre, certains mots t'ont peut-être paru difficiles. Remplace-les dans les phrases suivantes par des synonymes (mots ou expressions) plus courants que tu choisiras dans cette liste.

Liste : très fatigante - punir - riche en gibier - humilié - sauvages - profitable - sans avoir rien pris.

1 - Sans le vouloir, Actéon a *offensé* (..........................) Artémis qui va le *châtier* (..........................).

2 - À la vue du jeune homme, les nymphes *farouches* (..........................) cachent leur nudité.

3 - Les chasseurs ne reviennent pas *bredouilles* (..........................) car l'endroit est *giboyeux* (..........................). Leur chasse a été *fructueuse* (..........................), mais *harassante* (..........................).

4 Qui sont ces déesses ?

**On a oublié d'indiquer le nom de chaque déesse au bas de ces portraits.
Retrouve ces noms et écris-les.**

....

....

....

Cette fille de Zeus aime les forêts et la chasse. Sais-tu qui est son frère jumeau ? A-t-elle beaucoup de points communs avec lui ?

Fiche d'identité

Artémis

Portrait

Fière et hautaine en habits de chasse. Ses jambes et ses pieds sont nus. Ses cheveux sont noués par-derrière et son front est surmonté d'un croissant, symbole de la Lune.

Signes particuliers

Porte différents noms en fonction des lieux qu'elle fréquente (comme son frère Apollon) :

- Séléné, la nuit ;
- Artémis, sur la Terre ;
- Hécate, aux Enfers.

Possède un cortège de nymphes : les soixante Océanies et les vingt Asies.

Née de :
Zeus et Léto.

Sœur jumelle de :
Apollon.

Épouse de :
personne.
Elle ne voulut jamais se marier.

Profession :
déesse de la Lune, des Bois et de la Chasse.

Adresse :
les bois et les forêts.

Animaux :
la biche et le sanglier.

Personnalité :
goût affirmé pour la chasse. Elle porte dans le dos un carquois et des flèches.

Sanctuaire :
le plus célèbre est celui d'Éphèse.

Jour consacré :
lundi.

Équivalent latin :
Diane, déesse de la Lune.

V

Écho et Narcisse

TON FILS NARCISSE VIVRA DE TRÈS LONGUES ANNÉES à condition qu'il ne se regarde pas, avait prédit le devin Tirésias.

« Comment comprendre ces paroles ? » se demandait la nymphe Liriope en regardant son tout petit enfant. Elle se mit à songer au jour où le fleuve Céphise, le père de Narcisse, l'avait malgré elle enserrée dans son cours sinueux et l'avait fécondée.

De cette étreinte était né, neuf mois plus tard, son fils Narcisse. Elle repensait à la joie qu'elle avait éprouvée à sa naissance et à l'inquiétude qui lui avait succédé presque aussitôt. Il fallait absolument qu'elle sache si cet enfant vivrait une longue vie, s'il connaîtrait une vieillesse heureuse. C'est pourquoi elle était allée consulter Tirésias qui, disait-on, lisait sans peine l'avenir des mortels.

Mais Liriope ne savait comment interpréter la prophétie : « à condition qu'il ne se regarde pas... » Elle regarda l'enfant. Narcisse lui sourit. Elle se vit dans ses pupilles claires comme en un miroir et reconnut sa beauté dans les traits de l'enfant. Devant ce sourire si confiant, elle sentit ses appréhensions disparaître. Il était impossible que le malheur frappât son fils, si beau, si vigoureux, si présent à la vie.

Seize années s'écoulèrent... Parfois Liriope repensait aux paroles du devin, mais elle ne les comprenait toujours pas. Et d'ailleurs pourquoi être inquiète quand Narcisse grandissait en force et quand sa beauté éblouissait comme le soleil, l'été.

Un jour que Narcisse chassait un cerf, la nymphe Écho le vit. Cachée dans les fourrés, les yeux rivés sur le jeune homme, elle admirait chacun de ses mouvements.

Elle brûlait de l'approcher, de lui parler… mais elle était ainsi faite qu'elle ne pouvait parler la première. Héra, la soupçonnant d'avoir eu une aventure avec Zeus, l'avait privée de la parole. Cruelle, elle lui avait dit : « Jamais tu ne parleras la première mais tu auras toujours le dernier mot ! » Depuis ce jour, Écho ne pouvait que répéter les dernières syllabes qu'elle entendait.

Mais si elle ne pouvait s'adresser à Narcisse, elle pourrait du moins répéter les paroles qu'elle attendait qu'il prononçât le premier. Celui-ci, que la poursuite du cerf avait séparé de ses compagnons, s'inquiétait :

— Y a-t-il quelqu'un près de moi ?

— Moi, reprit Écho.

— Approche, cria Narcisse.

— Approche, répondit la nymphe.

Narcisse, qui pensait que c'était l'un de ses compagnons qui se jouait de lui, insista.

— Que crains-tu ? Viens près de moi.

— Près de moi, répéta Écho avec bonheur, en se dirigeant vers lui.

Déjà, elle lui tend les bras. Elle voit sous la fine tunique battre le cœur du jeune homme. Déjà, elle distingue la couleur de son regard. Elle s'apprête à le toucher, mais Narcisse, plein de dédain, se détourne et la fuit !

Écho pâlit. Elle aussi fuit. Aucune forêt, aucune grotte n'est assez profonde pour cacher sa peine. La honte d'avoir été repoussée

« Narcisse admire ce qui le rend admirable.
Il veut caresser ce visage... »

et le chagrin rongent son cœur et son corps. Elle ne boit plus ni ne mange. Elle se laisse mourir. Ses membres se dessèchent, sa chair devient pierre. Pourtant, de ce corps qui n'est déjà plus, une prière s'élève :

— Ô toi, Némésis, déesse qui venge les amantes abandonnées, fais que Narcisse, tout comme moi, n'atteigne jamais l'objet de son amour !

Écho est morte. Seule survivra sa voix et Némésis exaucera sa prière.

Il est, dans la forêt, une source claire à laquelle aucun être ne s'est jamais désaltéré : ni le berger et son troupeau, ni les oiseaux qui nichent dans les branches, ni la bête fauve à la recherche de sa proie.

Tout autour croît l'herbe verte et drue et les hauts troncs des arbres s'élancent jusqu'au ciel, empêchant le soleil de réchauffer cette source toujours fraîche. C'est là qu'une chasse ardente conduisit les pas de Narcisse. Charmé par cet endroit, le garçon se coucha afin de se reposer. Il avait soif. Se redressant, il se pencha au-dessus de l'eau pour boire. De l'onde surgit alors l'image d'un visage. Surpris par l'apparition, Narcisse n'ose plus bouger. Il est fasciné par ces yeux qui le regardent. Sans le savoir, Narcisse admire ce qui le rend admirable. Il veut caresser ce visage. Ses mains plongent dans l'eau mais l'image se fragmente en ondes mouvantes. Un instant se passe puis le visage lentement se reconstitue. Narcisse sourit : on lui sourit. Il hésite et tend à nouveau la main : des doigts hésitants se tendent vers les siens. Narcisse parle et lit sur la bouche désirée des paroles qu'il n'entend pas.

— Pourquoi ne puis-je te prendre ? Pourquoi restes-tu si loin de moi ?

Il se penche pour se rapprocher et ses lèvres embrassent l'eau glacée de la source. Alors Narcisse comprend : ce visage, c'est son reflet ! Le jeune homme devient comme fou. Il voudrait arracher sa peau, il voudrait qu'on le sépare de lui-même, que son reflet soit un autre afin de pouvoir l'aimer. Les amants que séparent la mer la plus vaste, la montagne la plus haute, la route la plus longue sont moins malheureux que lui. Il n'avait jusqu'à ce jour aimé personne car il n'avait jamais regardé personne. Aujourd'hui, ses yeux s'ouvrent mais ne lui révèlent que lui-même. La parole de Tirésias s'accomplit : Narcisse meurt du désespoir de s'être regardé. Penché sur l'eau, le jeune homme oublie le temps, la fatigue, la faim. La nuit tombe, le jour se lève et Narcisse est toujours là. Des jours durant, il contemple son image sans jamais parvenir à rassasier son cœur avide d'amour. Dans l'attente d'une étreinte impossible, il se meurt.

Les jours ont passé. Narcisse, les yeux grands ouverts, ne voit plus la lumière : la mort l'a conduit dans le royaume infernal où, penché sur les eaux du Styx, il se mire encore...

À l'annonce de sa mort, toutes les divinités des eaux vinrent pour le pleurer : les dryades, ses frères, et les naïades, ses sœurs. Elles tordaient leurs beaux cheveux en signe de deuil. Toutes les montagnes, tous les bois résonnaient de leurs gémissements qu'Écho amplifiait en s'unissant à eux. Mais lorsque, pour les funérailles, les naïades arrivèrent à la source claire, le corps de Narcisse avait disparu.

Dans l'herbe verte et drue, à la place du corps, jaillissait de la terre une fleur aux blancs pétales et au cœur de safran : le narcisse.

Jeux

V

Écho et Narcisse

1 À compléter

Étymologie Un mot est souvent d'origine grecque lorsque le son [f] s'écrit «ph» et le son [k] s'écrit «ch».
Par exemple, *chronologie* vient du grec *chronos* qui veut dire «temps».

Voici des définitions qui vont te permettre de trouver quatre mots issus du grec.

1 - Ce qui est prédit par un devin : une ....

2 - Son renvoyé par un obstacle : ....

3 - Homonyme de cœur : ....

4 - Lieu où l'on achète des médicaments : ....

2 Mots croisés

Retrouve les noms des personnages de cette histoire. Les lettres composant ces mots sont données en désordre.

HORIZONTALEMENT
1 - IEIASSRT : nom d'un célèbre devin.
2 - XTSY : fleuve des Enfers.
3 - EIENMSS : nom de la divinité qui venge les femmes abandonnées.

VERTICALEMENT
A - OIIEPRL : nom de la mère du héros de cette histoire.
B - SHPCIEE : nom du père du héros de cette histoire.
C - AIESSNRC : nom d'une fleur.
D - AEYDDR : nymphe.

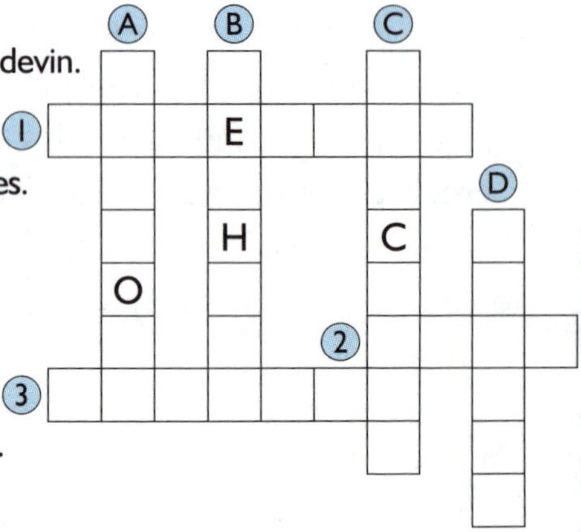

Documentation
V

Les oracles

Pour les anciens Grecs, les dieux connaissaient l'avenir, les hommes l'ignoraient. C'est ce désir de le connaître et d'apprendre la volonté des divinités qui donna naissance aux oracles. Des temples furent édifiés à cet usage, lieux sacrés où le suppliant se rendait dans l'espoir d'obtenir une réponse à ses questions.

• Les officiants des oracles

La plus célèbre est la « pythie » ou Pythonisse de Delphes. Par sa bouche, Apollon manifestait sa volonté. Ce nom de pythie vient de ce que le dieu de la Divination était surnommé Pythius. À l'origine, elle ne rendait ses oracles qu'une fois par an, au début du printemps, après un cérémonial immuable : après s'être baignée dans la fontaine de Castalie, elle jeûnait trois jours durant, ne mâchant que des feuilles de laurier (plante dédiée à Apollon). Puis, ayant accompli plusieurs autres cérémonies, elle était conduite par les prêtres jusqu'à son trépied. C'est alors qu'elle se mettait à proférer des cris, des hurlements, le corps saisi de tremblements frénétiques. L'oracle prononcé, elle tombait dans une longue prostration. Les prêtres qui l'entouraient se chargeaient alors d'interpréter, pour le suppliant, les paroles parfois obscures que la pythie venait de prononcer.

Plus tard, le temple compta plusieurs pythies.

Comment les choisissait-on ? Les prêtres se chargeaient de cette délicate mission et obéissaient à des critères rigoureux : l'élue devait être vierge, être une enfant légitime et avoir été élevée dans une grande simplicité. C'est pourquoi la pythie était souvent d'origine modeste.

• Les sibylles

Sortes de prophétesses, leur nom en grec signifiait « volonté de Zeus ». Prêtresses de ce seul dieu à l'origine, elles devinrent celles de tous les autres dieux par la suite.

La plus connue, la *Sibylle de Cumes*, où se trouvait le sanctuaire d'Apollon, rendait ses oracles dans un antre. Il lui arrivait d'écrire ses prédictions sur des feuilles volantes.

Aujourd'hui, quand les paroles ou les écrits d'une personne ne sont pas clairs, évidents, on dit qu'ils sont « sibyllins ».

• Les prêtres

L'oracle, c'est-à-dire la volonté du dieu exprimée par un interprète, n'était pas toujours aisé à comprendre. Jugez-en : à Dodone, Zeus « parlait » à travers le bruissement des feuilles de chêne... Heureusement pour le suppliant, des prêtres se chargeaient de l'interprétation !

Parfois, point n'était besoin de prêtre. Hermès « parlait » aux hommes d'une autre manière : le suppliant, après beaucoup de cérémonies, murmurait à l'oreille de la statue du dieu ce qu'il désirait savoir ou obtenir. Puis il se bouchait les oreilles jusqu'à la sortie du temple et là, le premier mot qu'il entendait était considéré comme la réponse donnée par le dieu.

• Les devins

Dans l'Antiquité, on pensait pouvoir connaître l'avenir par l'intermédiaire des oracles et des devins. Ainsi, lors d'une naissance, on ne manquait pas de les consulter, comme le fait Liriope au début de cette histoire.

Tirésias est sans doute le plus célèbre devin. Il apparaît dans plusieurs épisodes mythologiques. Il « voyait » certes l'avenir, mais était aveugle ! Pourquoi ? Une version raconte que la malchance voulut un jour, qu'il aperçût Athéna se baignant nue. Outragée qu'on ait pu la voir dans le plus simple appareil, la déesse le frappa de cécité. Mais le père de Tirésias prit sa défense. Devant ses supplications, Athéna n'accepta pas de revenir sur le châtiment, mais l'atténua en dotant Tirésias du pouvoir de prédire l'avenir.

VI

Les aventures du roi Midas

VOICI MAINTENANT L'HISTOIRE DU ROI MIDAS qui faillit perdre la vie à cause de son amour pour l'or.

En ce temps là, Dionysos, le dieu du Vin et des Vignes, s'acheminait vers les vignobles du mont Tumulus. Comme à l'accoutumée, satyres, ménades et nymphes l'accompagnaient, formant une joyeuse et bruyante troupe. L'air résonnait de leurs cris et de leurs rires. Dionysos devait parfois se fâcher tant les satyres, ces malicieux habitants des montagnes et des forêts, agaçaient les jeunes et jolies nymphes. Que faisaient-ils ? Ils s'amusaient à se cacher dans les bois et, quand arrivaient les naïades, ils surgissaient devant elles, agitant leurs oreilles de cabris, et les menaçaient de leurs petites cornes. Ils riaient alors de leur frayeur et les poursuivaient, plus rapides qu'elles sur leurs pattes et leurs sabots de chèvres.

Le voyage dura longtemps car, chaque fois que cette compagnie enjouée apercevait une vigne, on ne manquait pas de faire étape pour boire le jus de la divine treille. Aux sons d'instruments assourdissants, tous levaient leur coupe en l'honneur du dieu du Vin et mordaient à pleines dents dans des grappes de raisin juteuses.

Après l'une de ces haltes et alors qu'ils approchaient du but, on s'aperçut de l'absence du jovial Silène. Dionysos, qui jamais ne va sans son père nourricier Silène, s'inquiète. On le cherche, on l'appelle. En vain. C'est que Silène, titubant sous le poids des ans et surtout du vin, a bien du mal à suivre le cortège. Sa couronne de laurier chavire à chaque pas et le sommeil alourdit ses paupières. Attiré par un parfum suave, il s'est allongé sous un buisson de roses. Sans le savoir, il est dans les jardins du roi Midas. Arrivent des serviteurs. À la vue de ces cornes sur un crâne chauve, de ce gros nez camus et de ce corps charnu, ils identifièrent sans mal Silène. Ils tressèrent en hâte des colliers de roses avec lesquels ils l'enchaînèrent. Lorsque celui-ci se réveilla, il était devant le roi Midas. Ravi de recevoir celui qui éleva Dionysos, le roi organisa aussitôt des réjouissances qui durèrent rien moins que dix jours. Au matin du onzième, Midas et Silène se mirent en quête du dieu du Vin.

Que d'effusions lors des retrouvailles du père nourricier avec son fils ! Se tournant après vers le roi, Dionysos lui dit :

— Quelle récompense veux-tu, toi qui me ramènes celui qui m'a élevé ? Le vœu que tu prononceras, je l'exaucerai. Parle.

Le roi Midas prit à peine le temps de réfléchir :

— Que tout ce que je toucherai se transforme désormais en or !

— C'est cela que tu veux ? Crois-tu être sage en me demandant une telle faveur ?

— Oui, tel est mon désir.

— En es-tu vraiment sûr ?

Le roi hocha la tête avec certitude. Dionysos donc y consentit.

Une fois seul, tout content, le roi voulut s'assurer de la réalité de son nouveau pouvoir. Il tendit alors un doigt tremblant vers un jeune rameau. À peine l'avait-il effleuré qu'il prit les fauves reflets de l'or. D'un geste plus assuré, il prit une pierre du chemin… la voilà transformée en or ! Cette motte de terre ?… un lourd lingot d'or dont le poids le fait vaciller !

Ébloui, Midas ne savait plus où donner de la tête. Il s'élança vers un champ et les épis qu'il cueillit devinrent une moisson d'or. Et cette pomme entre ses mains, on l'eût cru venue du jardin des Hespérides. Midas se hâta de regagner son palais : tous devaient connaître sa nouvelle puissance ! Les hautes portes de son palais flamboyèrent quand il les poussa et l'eau de la fontaine dans laquelle il plongea ses deux mains retomba en pluie d'or.

Le soleil était maintenant au zénith. Midas avait faim. Dans la grande salle, les serviteurs avaient dressé une table chargée de mets appétissants. Ravi, Midas tendit la main vers un petit pain. Hélas ! celui-ci devint de l'or. Les victuailles, qu'affamé il s'apprêtait à dévorer, prirent, dès qu'il les porta à sa bouche, la pâle couleur du métal précieux. Le vin même qu'il tenta de boire prit l'apparence d'une coulée d'or liquide. Épouvanté, Midas n'osait plus faire un geste. Quoi ! le voici pauvre au milieu de cette abondance trompeuse ! Condamné à mourir de faim et de soif ? Non, cette richesse, tout cet or, il n'en voulait plus. Tandis qu'il mesurait la folie de son souhait, arrivèrent ses enfants. Ils voulurent l'embrasser. Aussitôt Midas les arrêta de la voix. Puis levant les bras vers le ciel, il implora Dionysos :

— Dieu des Pressoirs, pardonne ma démence, je t'en prie. Prive-moi de ce pouvoir que tu m'as si généreusement donné.

Indulgent, le dieu lui pardonna puisqu'il reconnaissait sa faute :

— Soit ! Remonte jusqu'à la source du fleuve Pactole. Là, immerge-toi dans l'eau écumante afin d'y laver ton corps et ta faute.

Ce que fit docilement le roi Midas. Il perdit ainsi le don de convertir en or tout ce qu'il touchait, mais il transmit cette vertu au fleuve Pactole qui, depuis lors, charrie des paillettes d'or. Cependant l'histoire n'est pas terminée.

Depuis ce jour, le roi prit en horreur toutes les richesses. Il déserta son palais, lui préférant les champs et les forêts. Le dieu Pan devint son ami ; et voilà ce qu'il advint. Ce dieu aimait à tirer des sons mélodieux de sa modeste flûte de roseaux. Un jour, encouragé par les louanges de son auditoire (il y avait là Midas et quelques nymphes), il osa se prétendre supérieur à Apollon dans l'art de la musique. Ce dernier releva le défi et arriva, tenant sa lyre dont l'ivoire était serti de pierreries. Pour juge, on choisit Timolus, qui s'assit sur sa montagne. Pour mieux entendre, on dit qu'il dut écarter de ses oreilles les arbres de la forêt.

Tous attendent, silencieux. Pan commence. Il fait résonner sa flûte rustique qu'aime tant le roi Midas. Ensuite vient le tour d'Apollon : sous l'effleurement léger de ses doigts, les cordes vibrent et exhalent une mélodie vraiment divine qui charme tout l'auditoire. Sans hésiter un seul instant, Timolus le proclame vainqueur et les autres avec lui. Seul Midas déclare ce choix injuste.

Hélas ! sa sottise attira sur lui un terrible châtiment. Impossible de laisser une forme humaine à des oreilles si grossières, aussi peu averties dans l'art de la musique. Apollon donc les allongea tant et tant qu'elles firent bientôt penser à celle d'un animal au pas lent… De surcroît, le dieu n'oublia pas d'y mettre quelques touffes de poils gris afin que leur ressemblance fut parfaite avec celles… de l'âne ! Midas quitta la noble assemblée sous les huées et les moqueries.

Que faire pour cacher cette infirmité à ses proches, à ses serviteurs, à ses sujets ? Le roi essaya tout : des bandeaux de pourpre qu'il disposait en turban ; une haute et lourde tiare si pesante que sa tête dodelinait ; le capuchon d'un manteau qu'il ne retirait jamais.

« Tous attendent, silencieux. Pan commence.
Il fait résonner sa flûte rustique qu'aime tant le roi Midas. »

Cependant, il était une personne à laquelle le roi ne pouvait cacher ses oreilles monstrueuses : son barbier, qui le rasait et lui coupait les cheveux. Le roi l'avait prévenu : qu'il confie ce secret à une seule personne et ce serait un homme mort ! Pendant longtemps, le malheureux barbier ne révéla pas la difformité de son roi, mais ce silence lui pesait.

Un jour, n'y tenant plus, il courut jusqu'au jardin, choisit un endroit isolé et creusa un trou. Puis se penchant, il murmura son lourd secret qu'il enfouit, une fois avoué, avec la terre dont il combla le trou. Maintenant qu'il s'était confié, on pouvait être sûr de son silence, pensait-il. Or, des roseaux poussèrent juste à cet endroit. Lorsqu'ils furent devenus de bonne taille, le vent s'amusa à les balancer, à les agiter. S'éleva alors un bruissement puis un long murmure qui jamais ne s'arrêta : « Midas… le roi Midas a des oreilles d'âne… Midas… le roi Midas… a des… »

Jeux

VI

Midas

1 À compléter

Complète les phrases suivantes à l'aide des mots de la liste et retrouve les noms propres dont ils sont issus.

Liste : arachnéen - panique - céréale - hermaphrodite - narcissisme - pactole.

1 - Le matin, de nombreux enfants les plongent dans un bol de lait et les dévorent à belles dents. Ce sont les .... dont le nom vient de ...., la déesse des Moissons.

2 - Un tissu .... est un tissu d'une légèreté, d'une finesse comparable à la toile d'une araignée. Cet adjectif vient d'.......................... qui fut punie par Athéna pour l'avoir défiée.

3 - L'escargot est ...., c'est-à-dire qu'il est mâle et femelle tout à la fois. La mythologie nous apprend que son père est ...., le messager des dieux, et sa mère est ...., la déesse de l'Amour.

4 - Le .... est un amour excessif porté à soi-même. Ce mot, bien sûr, vient de .... dont tu viens de lire l'histoire.

5 - La .... est une peur soudaine qui provoque l'affolement. Ce mot vient du dieu ...., qui était très laid. Ce dieu était connu à cause du malin plaisir qu'il prenait à surgir brusquement près des bergers en hurlant.

6 - Toucher le ...., c'est toucher une grosse somme d'argent. Ce mot vient du nom du fleuve où Midas s'est baigné et qui, depuis lors, charrie des paillettes d'or.

2 Les dieux emmêlés

Voyons si tu as bien lu les fiches d'identité des dieux jusqu'à ce chapitre. Relie le nom de chaque dieu à son portrait en passant par les indices (dessins ou mots) semés dans cet inextricable labyrinthe.

3 Rébus

Réalise ce rébus et tu trouveras le nom d'un personnage fort sympathique de cette histoire.

Réponse : ....

Fiche d'identité

Dionysos

Ce fils de Zeus qui aime la vie et les plaisirs apparaît toujours escorté d'une compagnie de joyeux drilles. Un prénom masculin vient du nom de ce dieu. Le connais-tu ?

Portrait

Jeune dieu imberbe, riant et enjoué, avec deux petites ornes sur le front (symbole de force et de puissance). Longs cheveux blonds couronnés de pampres, yeux noirs. Porte un manteau de pourpre ou une peau de panthère. Tient à la main une coupe, de l'autre un thyrse (bâton entouré de lierre, surmonté d'une pomme de pin).

Signes particuliers

Parcourt le monde pour enseigner aux hommes la culture de la vigne. Toujours accompagné d'un cortège e satyres et de ménades, et de son vieux précepteur, Silène.

Né de :
Zeus et Sémélé qui mourut alors qu'elle le portait. Zeus, pour le cacher à Héra, le mit dans le gras de sa cuisse. Il fut élevé par les Muses et par Silène.

Époux de : Ariane.

Père de : six enfants nés d'Ariane. Auparavant, il avait séduit Althée qui mit au monde Déjanire, future femme d'Héraclès.

Profession : dieu du Vin et des plaisirs naturels de la vie. Il est également le dieu de l'Inspiration.

Adresse : nomade, il va de par le monde.

Animaux : le phénix et la panthère.

Plantes :
la vigne, le lierre et le myrte.

Lieux où sont rendus ses oracles :
un temple en Arcadie. À Athènes étaient célébrées de grandes fêtes en son honneur : les dionysies.

Équivalent latin : Bacchus.

VII

Phaéton et son char

ES-TU UN GAMIN pour croire tout ce que te dit ta mère ? Imaginer que Phoibos, le dieu du Soleil, est ton père ! Prouve-le et nous te croirons.

Phaéton sentit le rouge de la honte couvrir son front. Il contint cependant sa colère, laissa là ses camarades et rapporta à sa mère les injures dont il était l'objet.

— Je n'ai pas su leur répondre. Toi, ma mère, tu dois aujourd'hui me donner la preuve que je suis bien le fils du Soleil.

Et l'enfant la supplia tant que Clyméné jura :

— J'en fais le serment. Que je meure, que mes yeux ne contemplent plus jamais le soleil si je mens ! Pourquoi, d'ailleurs, ne pas te rendre en sa demeure et l'interroger lui-même ? Va, mon fils. Ainsi tu ne douteras plus.

Fou de joie, le jeune garçon n'attendit pas un moment de plus pour se mettre en chemin. Les yeux fixés sur le lieu d'où son père s'élançait chaque matin, il marcha sans se lasser.

Nul doute que ce ne fût le palais de son père, ce bâtiment dont les hautes colonnes étaient revêtues d'or, le fronton d'ivoire et les portes d'argent ! Sans s'attarder davantage, il y pénétra, parcourut de grandes salles et arriva enfin où son père siégeait, entouré des Saisons. Phaéton reconnut le Printemps à la couronne de fleurs qui ornait son front ; l'Été, lui, portait une guirlande d'épis tandis que l'Automne arborait un sourire barbouillé du jus des raisins foulés, et que l'Hiver aux blancs cheveux montrait un visage austère. Son père, le Soleil, resplendissait tant au milieu d'eux que Phaéton dut se tenir à distance.

— Que veux-tu de moi, mon fils ? dit alors le dieu qui sait tout et voit tout.

— Mon père, si tu m'autorises à t'appeler ainsi, je suis venu afin que tu me donnes un gage grâce auquel personne ne puisse plus jamais douter que je suis ton fils.

Comme il voulait l'embrasser, le dieu demanda à Phaéton de s'approcher, non sans avoir enlevé auparavant sa couronne de rayons.

— Ta mère t'a dit vrai, et pour que tu n'aies plus de doute, demande-moi ce que tu veux. Je jure sur le Styx, le fleuve des Enfers, de te l'accorder.

Le visage de Phaéton s'éclaira.

— Permets que je conduise ton char pendant tout un jour !

— Hélas ! tu me demandes la seule chose que je devrais te refuser, se lamenta Phoibos. J'ai juré et ne peux donc me dédire, mais écoute mes conseils qui te feront, je l'espère, renoncer à cette folie...

Mais le père eut beau expliquer, argumenter, rien ne fit céder le fils. Qu'importait au fougueux garçon d'être trop jeune, pas assez fort pour guider les rapides coursiers ! Son père lui rappela alors qu'il était mortel et risquait sa vie à vouloir conduire son char puisque même Zeus ne s'y aventurait pas.

Comme Phaéton ne voulait rien entendre, il lui décrivit alors les dangers, les craintes que lui-même, tout dieu du Soleil qu'il était, éprouvait chaque jour en accomplissant son parcours dans le ciel.

D'abord, le matin, une pente abrupte que les chevaux reposés avaient bien de la peine à gravir. Ensuite, au zénith, à ce point du ciel où la route culmine, ce terrible vertige à la vue de la terre et de la mer si bas, si loin. De quoi avoir le cœur glacé d'épouvante ! Et enfin, la descente si vertigineuse, si raide, que Thétis, la déesse des Océans, craignait toujours pour lui une chute au bas de la pente, tant la course des chevaux était effrénée. Voilà pour les difficultés de la route. Restaient les dangers dus aux animaux sauvages peuplant le ciel : les cornes du Taureau, l'arc du Sagittaire, la gueule du Lion, la queue du Scorpion et les pinces du Crabe.

Tout cela sans compter la conduite des indomptables chevaux attelés au char ! Un feu brûlait dans leur poitrine, jaillissait par leurs naseaux et ces flammes leur donnaient une vigueur que le conducteur avait du mal à maîtriser. Et le dieu du Soleil de conclure :

— Non, ta demande n'est pas une faveur, plutôt un châtiment. Tu me réclamais tout à l'heure un gage qui prouverait que je suis ton père. Mes craintes, mes conseils n'en sont-ils pas un ? Ne te prouvent-ils pas que je suis ton père ? Je t'en supplie, renonce à conduire mon char et choisis ce que tu veux parmi toutes les richesses de la terre, du ciel et des mers. Demande, je ne te refuserai rien.

Phaéton s'était approché et avait pris son père par le cou.

— Tes caresses sont inutiles. Je céderai à ton souhait puisque j'ai juré sur le Styx. Mais réfléchis encore.

Entêté, Phaéton ne voulut pas entendre raison. Après avoir tenté de gagner du temps, il fallut bien à Phoibos tenir sa promesse.

À la vue de ce char tout en or (le métal précieux avait servi aussi bien à la fabrication des essieux que du timon ou des jantes encerclant les roues), le fils du dieu fut ébloui. Mais déjà l'aurore se tenait prête à ouvrir les portes de l'Orient. Tandis qu'empressées

« Bientôt le char danse, rebondit, ballotte sur la route, comme privé de conducteur... »

les Heures faisaient sortir de leur écurie les chevaux piaffant, Phoibos enduisait le corps de Phaéton d'une substance divine qui le protégerait des morsures du feu et des flammes. Il ne put s'empêcher une nouvelle fois de lui prodiguer des conseils :

— Ne te sers pas de l'aiguillon, ces coursiers accélèrent d'eux-mêmes. Tiens plutôt fermement les rênes et reste toujours à égale distance du ciel et de la terre, sous peine de les enflammer l'un ou l'autre. Je te dis cela, mais sache qu'il n'est pas trop tard pour renoncer à ce vœu imprudent.

Paroles inutiles. Déjà Phaéton se tenait sur le char, rênes en mains, et remerciait son père. Les chevaux eux-mêmes, crachant du feu, hennissaient d'impatience. À peine les portes s'ouvrirent-elles qu'ils s'élancèrent. Leurs pattes nerveuses battirent l'air et fendirent la masse des nuages. Les voilà qui vont de plus en plus vite car le char leur semble bien léger, plus léger qu'à l'accoutumée. Bientôt, celui-ci danse, rebondit, ballotte sur la route, comme privé de conducteur. Les coursiers, grisés par cette liberté nouvelle, délaissent le chemin. La peur envahit Phaéton. Il ne sait laquelle des rênes tirer puisqu'il ignore tout du parcours. Le saurait-il que les chevaux ne lui obéiraient pas.

Alors, pour la toute première fois, les pays recouverts de glace connurent la brûlure du soleil. Et lorsque Phaéton se pencha afin de regarder la terre, son sang se figea. Il se mit à trembler en mesurant le gouffre qui s'étendait sous lui. C'est seulement maintenant qu'il admet sa folie, maintenant qu'il regrette son entêtement. Que faire ? Devant lui, le couchant, trop loin pour être atteint. Derrière lui, le levant. Il reste indécis. Soudain, sur sa route, il reconnaît le Scorpion dont son père lui a parlé. Le cœur lui manque à la vue de son dard dressé, tout humide de son noir venin. C'en est trop : Phaéton, fou de terreur, lâche les rênes. Plus personne pour retenir l'attelage qui s'emballe. Tantôt, il monte au firmament, embrasant l'univers. Tantôt, il pique sur la terre, consumant tout sur son passage. Les nuages ? Évaporés. Le sol ? Sillonné de crevasses. Les eaux ? Asséchées. Les cultures ? Réduites en cendre. Et que dire des cités ravagées par les flammes, des peuples anéantis ? Quant à Phaéton, il cherche son souffle, asphyxié par cet air empli de poussières brûlantes et de cendres. Plongé dans l'obscurité, il ne sait où il va, où il est.

La terre, meurtrie, assoiffée, adressa alors cette prière à Zeus :

— Qu'ai-je fait pour mériter un tel châtiment ? N'ai-je pas accepté les blessures de la charrue afin de nourrir le genre humain ? Et si j'ai mérité de périr, que du moins ce soit par ta foudre ! Mais en châtiant ainsi les mers, le ciel, la terre, le monde retourne au chaos originel. Je t'en conjure, sauve ce qui peut encore l'être.

Zeus entendit cette prière et, après avoir pris le conseil de tous les dieux, il s'en fut sur le lieu le plus haut, d'où il avait coutume de brandir et lancer la foudre. Dans le fracas du tonnerre, il l'éleva. Le trait partit et, dans un même mouvement, Phaéton perdit l'équilibre et la vie. Les chevaux s'abattirent, pour aussitôt, d'un puissant coup de reins, se redresser et, libérés de leurs sangles, s'échapper. Ici ne restaient plus que les rênes, là un essieu endommagé, plus loin une roue brisée. Le corps de Phaéton, lui, tournoie et roule dans l'abîme. Ses cheveux s'embrasent et laissent dans l'air une traînée de feu. Il tombe enfin, loin de sa patrie, à l'autre extrémité du monde.

Les naïades d'Hespérie le recueillirent et ensevelirent le corps du jeune garçon, non sans avoir gravé sur un rocher ces mots : « Ci-gît Phaéton, qui conduisit le char de son père. »

Averties de cette mort tragique, les sœurs de Phaéton, les Héliades, vinrent aussitôt. Couchées sur la tombe, elles crient le nom de leur frère jour et nuit et se frappent la poitrine en signe de deuil.

Dans le ciel, la lune a effectué sa course complète. Elle brille, toute ronde, éclairant les pâles silhouettes en deuil. L'aînée veut s'allonger à terre pour honorer le souvenir de Phaéton, mais elle se plaint de n'y point parvenir : ses talons ne peuvent s'arracher du sol. La cadette, soucieuse de lui porter secours, s'élance. Elle gémit à son tour : une racine poussée de son pied l'empêche de la rejoindre. Désespérée par le malheur qui vient de frapper ses deux sœurs, la troisième arrache ses cheveux. Mais, de ses mains, s'échappe une poignée de feuilles. Et tandis qu'une autre voit ses jambes devenir tronc, la dernière sent ses bras s'étirer en flexibles ramures. Elles ont à peine le temps de s'en étonner qu'une écorce moussue recouvre étroitement leur ventre, leur gorge, leurs épaules, jusqu'à l'extrémité de leurs doigts. Leur bouche seule demeure épargnée et appelle leur mère. La voici bientôt. Elle court de l'une à l'autre, la pauvre mère, et baise les bouches suppliantes. Non, c'en est trop ! Après avoir perdu son fils, elle ne peut se résoudre à la nouvelle apparence de ses chères enfants. De ses ongles, de ses vieilles mains fébriles, elle s'efforce d'arracher écorce, feuilles et rameaux. Pendant qu'elle se hâte et murmure à chacune les petits mots dont elle usait dans leur enfance, des gouttes de sang perlent à chaque ramure brisée, à chaque nœud dénudé.

— Pitié, mère ! crient leurs bouches. C'est notre corps que tu meurtris en blessant les arbres que nous sommes devenues…

Mais l'écorce étouffe bientôt leurs bouches en même temps que leurs voix. Hébétée, la mère voit perler sur les troncs des gouttes qui se solidifient à peine apparues.

Les larmes douloureuses des Héliades s'étaient métamorphosées en ambre…

Jeux

VII

Phaéton

1 À compléter

Culture générale Tu as certainement reconnu, dans les animaux décrits par Apollon, les signes du zodiaque… En effet, les Grecs divisaient le ciel en 12 parties, chacune contenant une constellation évoquant la forme d'un animal.

Retrouve le signe du zodiaque auquel chacune des phrases fait allusion.

Liste : le taureau - le sagittaire - le lion - le scorpion - le cancer.

A — Hercule l'étouffa dans la forêt de Némée et en portait la dépouille sur ses épaules.

Réponse : le ....

B — Zeus prit la forme de cet animal à cornes pour poursuivre la nymphe Europe.

Réponse : le ....

C — Héra envoya cet animal à pinces pour mordre le talon d'Hercule alors qu'il combattait l'hydre de Lerne.

Réponse : le ....

D — Sur l'ordre d'Artémis, il piqua de sa queue venimeuse le talon d'Orion.

Réponse : le ....

E — C'est un animal fabuleux au buste d'homme et au corps de cheval.

Réponse : le ....

2 Devinette

Dans ce texte, on te parle de Phoibos ; c'est son nom lorsqu'il conduit le char du Soleil. Quel autre nom porte-t-il ?

Réponse : ....

Documentation

VII

Thétis et Achille

Dans ce chapitre, on parle de Thétis, déesse des Océans qui craint chaque soir que le char du Soleil ne s'écrase dans la mer. Thétis est une divinité marine personnifiant les vagues de la mer. Sa beauté lui vaut d'être remarquée à la fois par Zeus et par Poséidon. Zeus est d'ailleurs tellement amoureux qu'il songe à répudier Héra, sa femme, pour s'unir à Thétis lorsqu'il apprend, par un oracle, que le fils de Thétis deviendra plus puissant que son père. À cette nouvelle, les dieux rivaux n'ont plus qu'une hâte : trouver parmi les mortels un époux à Thétis. Le sort désigne Pélée et l'on fête bientôt sur l'Olympe leurs noces à tous deux. Quelque temps plus tard, Thétis met au monde un fils, Achille. Or, lorsque l'enfant naît, la déesse consulte un oracle pour connaître la destinée de son fils : « Apprends, Thétis, que la vie d'Achille sera soit courte mais glorieuse, soit longue mais obscure. Thétis veut alors protéger son fils contre les dangers mortels de la guerre. Pour cela, elle sait qu'elle doit le plonger dans l'eau du Styx qui a le pouvoir de rendre immortel. Saisissant donc son enfant par le talon droit, elle l'immerge un instant. « Aucune flèche, aucune lance, aucune épée ne peut dorénavant mettre la vie d'Achille en péril » se rassure Thétis, en sortant l'enfant de l'eau.

Hélas, la pauvre mère avait oublié que pour baigner le nourrisson sans le noyer, elle l'avait retenu par le talon : cette partie du corps d'Achille restait donc vulnérable… Et, lors d'une bataille, il mourra, le talon transpercé d'une flèche. Sa vie aura été courte mais glorieuse puisque le poète Homère chantera dans *l'Iliade* les exploits du fils de Thétis et de Pélée.

L'expression : « c'est son talon d'Achille », désigne le point faible d'une personne.

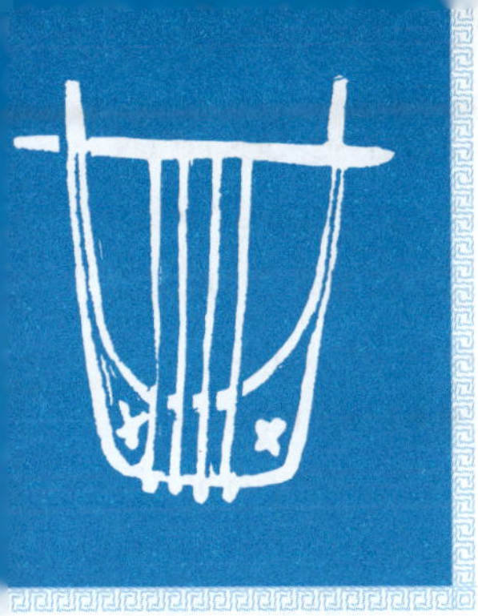

VIII

Orphée et Eurydice

ORPHÉE ÉTAIT LE FILS DE CALLIOPE, la Muse de l'Éloquence. Comme elle, il captivait tous ceux qui l'écoutaient, mais alors que sa mère usait de paroles, lui charmait avec les sons de sa lyre. Son père était Œagre, roi de Thrace, célèbre pour ses exploits. Orphée le dépassa par les prodiges qu'il accomplit. Ainsi c'est lui qui, lors de l'expédition des Argonautes, empêcha les sirènes de faire mourir les marins attirés par leurs belles voix. Rendues muettes par les accords merveilleux de son instrument, elles laissèrent échapper le navire qu'elles devaient retenir. Et si au terme de son voyage, Jason put s'emparer de la Toison d'or, c'est parce que Orphée endormit le terrible dragon qui la gardait. Mais son souvenir resta gravé dans la mémoire des hommes parce qu'il osa descendre dans le royaume des morts.

Orphée aimait la nymphe Eurydice. Il l'épousa. Le jour des noces, dans la clairière où sont dressées les tables pour le festin, Orphée joue de sa lyre pour la belle nymphe. Tous l'écoutent. Eurydice, elle, danse. Le rythme l'emporte. Elle s'éloigne. Mais une main l'arrête. C'est Aristée, fils d'Apollon, qui depuis longtemps l'aime. Il veut la prendre, lui faire violence. Eurydice crie, mais nul ne l'entend. Elle se débat et parvient à lui échapper. Elle court, court à travers la prairie qui la sépare d'Orphée.

Elle entend derrière le souffle de celui qui la pourchasse. Ses pieds touchent à peine la terre. Elle ne regarde que son époux vers lequel toutes ses forces se tendent. Elle ne voit pas dans l'herbe ce serpent qui, frappé par le pied léger, détend brusquement ses anneaux et plante ses crochets dans sa peau blanche.

À ce moment précis, dans son palais d'airain, Atropos, la Parque inflexible, coupa le fil des jours d'Eurydice.

Orphée, fou de douleur, pleura longtemps auprès du corps inerte. Puis il se leva.

— Eurydice, je te rejoins au royaume des morts où je supplierai Hadès et son épouse de te rendre à moi.

Il partit, marcha, marcha jusqu'à la porte du Ténare en Grèce, derrière laquelle coulaient les eaux noires du Styx. À l'entrée, Cerbère, le chien aux trois têtes, fidèle gardien des Enfers, était là, attaché par d'affreux serpents. Ses trois gueules béantes, hérissées de crocs terribles, tenaient en respect le peuple des morts. Orphée s'approcha. À peine sa lyre eut-elle vibré que Cerbère s'endormit. Orphée put ainsi continuer sa route. Au milieu d'ombres qui le frôlent, il avance sans crainte. Arrivé au Tartare où siègent les dieux des Enfers, il s'arrête et, accordant sa lyre, chante :

— Je suis Orphée, Ô dieux. Si j'ai osé franchir la limite qui sépare les vivants et les morts, c'est pour vous demander une faveur : rendez-moi ma femme, Eurydice, tuée par la morsure d'un serpent. J'ai cru que mes larmes calmeraient ma douleur, mais mon malheur est vraiment trop grand, mon amour trop fort et Eurydice trop jeune pour mourir. Je sais que tous, nous rejoindrons la foule innombrable qui se tient là, autour de moi. Eurydice y a sa place, mais il est trop tôt. Renouez, je vous en supplie, le fil de sa vie prématurément rompu. Sans mon

Eurydice, je ne veux plus vivre et resterai là si je ne peux m'en retourner avec elle.

Les ombres des morts écoutent cette voix belle et forte. Elle leur rappelle la lumière qu'elles ne voient plus et la chaleur courant, jadis, dans leurs veines. Elles écoutent... Tantale enchaîné n'entend plus l'eau fugitive vers laquelle, tout à l'heure encore, sa bouche se tournait. Sisyphe s'est assis sur son rocher et les danaïdes n'emplissent plus leurs tonneaux que l'eau toujours fuit.

Hadès est ému. Il a reconnu dans l'amour d'Orphée l'amour que lui-même a éprouvé pour Perséphone, sa chère épouse.

— Approche, dit-il à Eurydice. Je t'autorise à retourner parmi les vivants. Toi, Orphée, guide-la, reprends-la, mais à une condition : ne te retourne jamais pour la regarder avant d'avoir atteint la lumière du jour, sinon, une deuxième fois, tu la perdras.

Orphée précède Eurydice. Leurs pas résonnent dans ce vaste et silencieux séjour. Tout est obscur. Le sentier qu'ils empruntent est étroit, abrupt, noyé d'un brouillard épais. Pourtant, au bout, apparaît déjà la terre lumineuse. Orphée se hâte, pressé de quitter ces lieux pleins d'épouvante, impatient de serrer contre lui celle qu'il aime. Il se souvient tout à coup de la blessure au pied d'Eurydice. Et si elle s'était attardée ? Et si elle ne le suivait pas ? Oubliant l'interdiction du dieu, il se retourne et voit aussitôt Eurydice disparaître à reculons. Les deux amants veulent éperdument se toucher, se retenir, mais leurs mains n'étreignent que le vide et bientôt le pâle fantôme de la jeune fille s'évanouit tout à fait dans les ténèbres. Orphée reste immobile, muet d'horreur. Puis il se ressaisit et tente de franchir une nouvelle fois le Styx, mais Charon, l'intraitable passeur, le repousse...

Sept jours entiers, le lugubre royaume résonna des plaintes d'Orphée. Sept jours entiers, suppliant en vain les dieux, il n'eut pour toute nourriture que son amour, sa douleur et ses larmes.

Alors, accablé, Orphée s'en retourna vivre en Thrace, sur le mont Rhodope. Toutes ses journées, il les passa à chanter celle qui était morte. À peine le soleil levé, sa lyre retentissait, sa voix s'élevait et ne s'éteignait qu'au coucher du jour. Et pendant tout ce temps, aveugle à tout ce qui l'entourait, il ne voyait pas les prodiges que sa musique accomplissait : ce lieu aride, dénudé à cause de l'ardeur du soleil, était maintenant couvert d'ombre... C'est que, sous le charme puissant d'Orphée, les arbres marchaient ! Le chêne au feuillage altier, le coudrier fragile, l'érable aux mille nuances, le frêle tamaris, le lotus ami des eaux, le buis toujours vert, tous étaient venus. Et les oiseaux, silencieux, écoutaient, perchés dans les branches. Le fleuve et la rivière avaient arrêté leur course vers la mer afin d'entendre la triste mélopée d'Orphée. Captivées, les bêtes fauves avaient quitté leur tanière pour se coucher aux pieds du musicien, le museau caché entre leurs pattes. Les pierres, elles aussi, avaient laissé le chemin et se pressaient autour de lui.

Il y avait aussi ces jeunes femmes de la vallée, venues pour l'écouter. Longtemps, elles avaient plaint le jeune homme. Longtemps, leurs maisons étaient restées vides, leurs cours silencieuses. Le temps passait et elles voulurent le consoler. C'était à qui serait la plus belle ! Elle sortirent de leurs coffres leur plus belle robe, fardèrent leurs grands yeux, déployèrent leurs longs cheveux... Mais rien ne détourna Orphée de son chagrin.

Quoi ! Il les dédaignait ! Leur haine fut alors à la mesure des efforts qu'elles avaient accomplis afin de le séduire. Elles se moquèrent de lui, regagnèrent la vallée, puis l'oublièrent. Mais

« Oubliant l'interdiction du dieu, il se retourne
et voit aussitôt Eurydice disparaître à reculons. »

un jour qu'elles célébraient Dionysos dans un bois voisin, elles entendirent sa lyre.

— Le voilà, dit l'une d'entre elles. Le voilà celui qui nous méprise. Vengeons-nous !

Et tout en gravissant la colline, elles ramassèrent des pierres.

Dès qu'Orphée leur apparut, elles lui lancèrent des pierres ; mais les pierres, charmées par la voix du musicien, s'arrêtèrent dans leur trajectoire pour tomber à ses pieds. Folles de rage, ces femmes haineuses crièrent, hurlèrent, vociférèrent tant que leurs voix couvrirent celle d'Orphée. Le charme alors fut rompu : les pierres atteignirent leur cible et se teintèrent de sang. Ivres de vengeance et de vin, elles se précipitèrent sur le corps sans vie, en arrachèrent les membres, la tête et les jetèrent dans l'Hèbre. C'est alors qu'un prodige s'accomplit : tandis que le courant entraînait la tête d'Orphée, ses lèvres murmuraient encore le nom d'Eurydice. Aux abords de l'île de Lesbos, un monstre marin voulut engloutir les restes du malheureux. Mais au moment où il ouvrait ses énormes mâchoires, Apollon le changea en rocher. Les habitants de l'île recueillirent les membres dispersés d'Orphée et accomplirent les rites funéraires sans lesquels il n'aurait pu accéder au royaume des morts. Dans les champs Élysées, il retrouva Eurydice. Longtemps il la serra contre lui et aujourd'hui encore il ne se lasse pas de la regarder et de la chanter.

Dionysos, cependant, vengea la mort du musicien. Lorsque le joyeux dieu apprit l'horrible nouvelle, il accourut aussitôt, monté sur son char que tiraient de puissantes panthères. Partout, sur les monts, dans les bois, les oiseaux désolés, les bêtes sauvages et les pierres les plus dures pleuraient la mort de celui qui les avait charmés. Les arbres, en signe de deuil, s'étaient dépouillés de leur verte chevelure et n'offraient plus d'ombre aux bergers. Quand Dionysos vit les femmes meurtrières fouler la terre encore rouge du sang d'Orphée, il étendit sur elles les mains. Elles le reconnurent, ce dieu couronné de pourpre, mais, en ce jour, sa longue chevelure dorée brillait moins que ses yeux noirs étincelants de fureur. Fuir, elles le veulent mais les doigts de leurs pieds s'allongent, s'allongent, et elles en voient l'extrémité pénétrer le sol. Comme l'oiseau, dont la patte est prise dans le lacet de l'oiseleur, s'agite afin de s'échapper et par là même resserre les liens, ainsi chacune, solidement fixée par ces souples racines, essaie éperdument de s'enfuir. Maintenant, des fibres ligneuses montent le long de leurs jambes rondes et de leurs cuisses. De leurs mains fébriles, elles tentent de s'en libérer tandis que leurs cris s'étranglent dans leur poitrine qu'enserre l'écorce. De bois est leur corps et de branches leurs bras.

Tel fut le châtiment de Dionysos qui ne voulut pas laisser impuni ce crime odieux.

Jeux

VIII

Orphée

1 À chacun sa chacune

Il existe de nombreux couples célèbres comme Orphée et Eurydice. Hélas ! dans ce jeu ils ont été séparés. Réunis-les à nouveau.

Femmes	Hommes
Iseult •	• Zeus
Guenièvre •	• Pâris
Hélène •	• Lancelot
Héra •	• Tristan
Héloïse •	• Abélard

2 Message codé

On te dit que la mère d'Orphée était la Muse de l'Éloquence. Connais-tu les neuf Muses, filles de Zeus et de Mnémosyne, la déesse de la Mémoire ?

Découvre le nom de six d'entre elles grâce à ce code :

A = ◧ E = ◳ I = ◓ O = ◨ U = ◲ Y = ▼

1 - La Muse de l'Histoire : C L◓ ◨

2 - La Muse de la Poésie : ◳ R◧ T◨

3 - La Muse de la Musique : ◳ ◲ T◳ RP◳

4 - La Muse de la Danse : T◳ RPS◓ CH◨ R◳

5 - La Muse de la Comédie : TH◧ L◓ ◳

6 - La Muse de l'Astronomie : UR◧ N◓ ◳

3 Mots croisés

HORIZONTALEMENT
1 - En entendant Orphée, il cesse de pousser son rocher et s'assied.
2 - Lieu situé dans les Enfers où se trouve le palais du dieu des Morts.
3 - Chien à trois têtes, gardien des Enfers.
4 - Nom de la Parque qui coupe le fil de la vie des mortels.

VERTICALEMENT
A - Nom de celui qui conquit la Toison d'or.
B - Nom de l'épouse du dieu des Enfers.
C - Nom de celle qu'Orphée vient chercher aux Enfers.

4 Charade

Mon premier est une couleur où le bleu domine.
Mon deuxième est le verbe savoir conjugué au présent, à la 3e personne du singulier.
Mon troisième n'est pas juste.
Je fais mon quatrième avec les lacets de mes chaussures.
Mon tout est l'épouse d'Hadès.

Réponse : ....

Documentation

VIII

Les Parques

Les trois Parques étaient les divinités chargées de la naissance, de la vie et de la mort des hommes. Ceux-ci représentèrent Clotho, Lachésis et Atropos sous les traits de trois fileuses. Ne dit-on pas « le fil des jours » pour parler du temps qui passe ? La première Parque, Clotho (en grec, « filer »), vêtue de draperies bleu clair, tient le fil, symbole de la vie humaine, enroulé sur une quenouille. La deuxième, Lachésis (en grec, « le sort »), drapée dans des voiles roses, tourne le fil sur le fuseau. La troisième, Atropos (en grec, « inflexible »), toute de noir habillée, coupe inexorablement le fil lorsque, pour un mortel, le temps de mourir est venu.

Le monde infernal

Les Enfers sont des lieux souterrains où descendent les âmes après la mort, afin d'être jugées. Elles y reçoivent le châtiment de leurs fautes ou la récompense de leurs bonnes actions. Les Enfers comportent quatre régions principales :

• La plus proche de la Terre, est l'Érèbe. On y trouvait le palais de la Nuit, celui du Sommeil et des Songes (Morphée). Là séjournaient aussi Cerbère, Thanatos, dieu de la Mort, et les Érinyes (« Furies »).

• L'Enfer est la deuxième région. Les méchants y subissaient toutes sortes de tortures. Leurs âmes étaient plongées successivement dans des étangs glacés et dans des lacs de soufre et de poix bouillante. Des marécages bourbeux et fétides ou encore des eaux embrasées rendaient toute fuite impossible.

• Le Tartare, environné d'un triple mur d'airain, était la prison des dieux. C'est là qu'étaient enfermés les Titans, les Géants et les anciens dieux chassés de l'Olympe. Le palais du dieu des Enfers, Hadès, se dressait là.

• Les champs Élysées formaient le séjour heureux des âmes vertueuses. Là régnait un éternel printemps, les âmes y goûtaient un délicieux repos et jouissaient d'une éternelle jeunesse, sans inquiétude et sans douleur.

Hadès, l'un des trois maîtres de l'univers pour les Grecs, possède un point commun avec Artémis, la déesse de la Chasse. Retrouve-le !

Fiche d'identité

Hadès

Portrait

Vieillard à la barbe épaisse, il a le visage marqué et l'air sévère. Souvent représenté avec son casque et tenant une fourche ou une pique.

Signes particuliers

Sa couleur est le noir. On ne lui sacrifie que des animaux de couleur sombre et toujours en nombre pair. Possède un casque, présent des Cyclopes, qui le rend invisible.

Né de :
Cronos et Rhéa.

Frère de :
Zeus, Poséidon, Héra…

Époux de :
Perséphone, enlevée contre sa volonté, car aucune femme ne voulait vivre dans le royaume des Morts.

Père de :
aucun enfant.

Profession :
dieu des Enfers et des Métaux précieux enfouis sous la Terre.

Adresse :
royaume des Morts, sous la terre, qu'il quitte rarement.

Animal :
Cerbère.

Arbre :
le cyprès.

Équivalent latin :
Pluton.

IX

Danaé

Le roi d'Argos, Acrisios, se désolait de n'avoir qu'une fille, Danaé. Les années passant, il décida d'aller consulter l'oracle de Delphes. Mal lui en prit : non seulement la prêtresse lui annonça qu'aucun enfant mâle ne naîtrait de lui, mais encore que le fils de Danaé le tuerait.

De retour dans sa ville, Acrisios décida d'enfermer sa fille dans une tour dont elle ne sortirait plus jamais. De plus, il fit savoir partout dans Argos que quiconque, homme jeune ou vieux, tenterait de l'approcher, mourrait aussitôt.

Pauvre princesse ! Enfermée, elle ne voit la clarté du jour qu'au sommet de la tour. Ses pleurs n'ont pas ému son père et la voilà condamnée à une éternelle solitude.

Un jour que la jeune fille, assise tout là-haut, songeait tristement, une lueur déchira le ciel et une pluie d'or l'inonda, la faisant resplendir comme un joyau. Surprise et craintive, elle voulut tout d'abord s'enfuir mais, à ce moment-là, une grande plénitude l'envahit, la clouant sur place…

Lorsqu'elle remarqua, quelques semaines plus tard, que son ventre s'arrondissait, qu'il frémissait parfois, elle comprit qu'elle attendait un enfant et ne douta pas que Zeus était à l'origine de ce mystère. Le bonheur d'être mère la rendait chaque jour plus belle. Lorsque le terme de sa grossesse arriva, Danaé prit peur : il lui fallait trouver le moyen de cacher le bébé de peur qu'Acrisios, son père, ne le découvrît. Depuis des années, la tendresse avait en effet déserté le cœur de ce dernier. Quand il venait lui rendre visite, ce n'était que pour la questionner longuement, pour s'assurer que nul n'était venu en son absence. En partant, il vérifiait toujours avec soin que chaque porte était bien fermée, qu'aucune issue n'avait été forcée. Malgré les précautions inquiètes du roi, Danaé réussit à lui cacher son état et, neuf mois plus tard, elle mit au monde un garçon qu'elle appela Persée. L'amour qu'elle lui portait la rendait ingénieuse et lui faisait trouver mille moyens pour tromper les soupçons paternels.

Cependant, un jour, l'enfant caché sous le lit de sa mère se mit à pleurer au moment où le roi partait.

— Qui pleure ainsi ? demanda-t-il.

Découverte, la jeune mère prit son enfant dans ses bras et, le berçant pour apaiser son chagrin, répondit :

— Mon fils.

— Qui est son père ? interrogea Acrisios, furieux.

— Zeus accomplit des prodiges, répondit fièrement Danaé.

Perplexe, le roi quitta sa fille sans ajouter un mot. De longs jours passèrent sans qu'il revînt la voir. Alors, Danaé crut que son père lui avait pardonné et qu'il laisserait en vie son fils, l'enfant de Zeus. Confiante, elle donna donc libre cours à son amour maternel sans plus se cacher. Chaque jour, avec Persée, elle montait tout en haut de la tour. Là, tantôt elle s'asseyait et dépeignait tous les animaux que dessinaient les nuages, les merveilleux nuages, à l'enfant, sérieux, qui écoutait chaque mot qu'elle disait. Tantôt, elle passait de longs moments à le dévisager, s'étonnant chaque fois des menus progrès qu'il accomplissait au fil des jours.

Mais vint le jour où des serviteurs du palais se présentèrent pour l'emmener. Surprise, la princesse les suivit, serrant très fort Persée contre sa poitrine. Acrisios craignait la colère des dieux s'il tuait lui-même Danaé. Il les enferma donc tous deux dans un coffre de bois qu'il fit placer dans un bateau. Une fois au large, les marins le jetèrent à la mer et le navire regagna le port. Le roi espérait ainsi ne pas être tenu pour responsable d'une mort qu'il jugeait certaine.

Danaé essayait de calculer le nombre d'heures écoulées depuis la chute du coffre dans l'eau. Elle entendait sans cesse les vagues cogner leur frêle embarcation. Et si elles submergeaient ce dérisoire esquif, qu'adviendrait-il d'eux ? Persée maintenant dormait : le lait maternel avait calmé ses pleurs. Était-ce le jour ? Était-ce la nuit ? Danaé ne savait plus très bien. Enfermée, elle ne pouvait voir les îles qui se profilaient à l'horizon. Soudain, elle sentit le coffre projeté vers l'avant puis brutalement déposé sur une surface ferme.

Oui, pas de doute : les flots cessaient de les ballotter. Elle n'entendait plus que leur fracas assourdissant qui, peu à peu, diminua d'intensité. Enfin ! Zeus s'était souvenu de son fils ! Éprouvée par tant d'émotions, elle put alors, sans crainte, s'abandonner au sommeil.

Des chocs sourds et répétés réveillèrent l'enfant et sa mère : quelqu'un tentait d'ouvrir le coffre. Soudain, la lumière du jour l'éblouit. Elle se sentit soulevée, son bébé toujours accroché à elle. Ouvrant les yeux, elle vit alors le visage d'un homme penché sur elle. Comme la mer sculpte et entaille les rochers, le soleil avait gravé cette peau de profondes rides. Mais ce qui la frappa surtout, c'était ce bon sourire qu'elle n'oublierait jamais. Confiante, elle se laissa emporter, ne pouvant proférer une seule parole tant la soif lui brûlait la gorge.

« Des chocs sourds et répétés réveillèrent l'enfant et sa mère : quelqu'un tentait d'ouvrir le coffre. »

Quand elle se réveilla, une femme passait sur ses lèvres desséchées un linge humide. Et son fils, où était-il ? La femme du pêcheur la rassura, il se portait bien. Dictys, son époux, l'avait nourri du lait de leur chèvre. Maintenant il dormait, tranquille.

— Ne sois plus inquiète. Je te promets de ne jamais confier à quiconque le secret de ton arrivée, conclut la brave femme.

— Mais où suis-je ?

— Les dieux t'ont déposée sur l'île de Sériphos.

À partir de ce jour, plus jamais Danaé ne connut la solitude. Le pêcheur et sa femme ne savaient comment remercier les dieux : eux qui vivaient sans enfants, le ciel leur en accordait deux, Danaé et son fils ! Il fallait surtout qu'ils ne manquent de rien. Chaque jour, Dictys partait en barque et, chaque jour, son épouse apprêtait les poissons qu'il ne manquait jamais de rapporter. Jamais, leur petit potager ne fut aussi généreux. À chaque saison nouvelle, c'était d'abord à Persée qu'étaient offerts les premiers fruits. Tous applaudissaient à chaque bouchée que l'enfant dégustait. Enfin, Danaé connaissait la joie. Elle avait appris à traire la chèvre, à ficeler des fagots qu'elle savait maintenant porter sur sa tête sans risque qu'ils tombent. Persée, lui, grandissait. Dictys lui avait enseigné à plonger du haut des rochers, là-bas, à la pointe de l'île, et à ramener au bout de son poignard des poissons à la chair succulente. Il savait aussi, debout sur la barque, lancer les lourds filets qui ramèneraient les poissons qu'on irait vendre au marché.

Bien des années passèrent ainsi. Mais le malheur voulut que le roi de l'île de Sériphos, Polydectès, aperçut Danaé. Les ans et cette vie simple avaient donné au visage de cette femme encore jeune une paix et une beauté qui frappaient tous ceux qui la regardaient. Polydectès voulut l'épouser, mais Persée, devenu adolescent, s'y opposa violemment. Le roi imagina alors une ruse pour se débarrasser de ce fils trop encombrant. Laissant passer quelques mois, il fit savoir son intention d'épouser une autre princesse et convia ses amis à se réjouir avec lui de ses prochaines noces. Persée, heureux de voir le roi renoncer à sa mère, se rendit à l'invitation. Mais quand il vit chacun s'avancer afin d'offrir un cadeau comme l'exigeait la coutume, alors que lui n'avait rien apporté, son orgueil et sa jeunesse lui firent perdre la tête : il promit à Polydectès de lui rapporter ce qu'il voudrait. Fût-ce la tête de Méduse, l'une des Gorgones !

— Certes, tu ne pourrais me faire plus plaisir, répondit aussitôt Polydectès. Oui, rapporte-moi cela.

À ces mots, tous les invités s'immobilisèrent. Persée ignorait-il ce que tous ici savaient ? Qu'était devenue la beauté de Méduse depuis qu'elle avait osé se dire plus belle qu'Athéna ? Ses cheveux, que toutes les femmes lui enviaient, la déesse furieuse les avait transformés en grappes de serpents ! Ses yeux, qui jadis ensorcelaient tous ceux qui la voyaient, métamorphosaient maintenant en pierre quiconque les croisait. Certes, elle était mortelle, à la différence de ses deux sœurs, mais à cause de son terrible pouvoir, aucun de ceux qui avaient cherché à la tuer n'étaient jamais revenus… C'est pourquoi chacun redoutait que Persée ne revînt jamais vivant d'une telle expédition sans l'assistance des dieux.

Craignant que sa mère ne condamne un projet aussi téméraire, Persée fit un long détour afin d'éviter la cabane qui abritait ceux qu'il aimait. De loin, il lui sembla apercevoir Dictys raccommodant ses filets. En approchant du port, le jeune homme se demandait encore où résidaient les Gorgones. Aucun des marins qu'il interrogea ne put le renseigner, si bien qu'il décida de consulter l'oracle de Delphes, sûr ainsi d'obtenir une réponse à sa question.

— Rends-toi dans le pays où les hommes se nourrissent non pas de froment mais de glands, lui conseilla la prêtresse.

Quelles étranges paroles ! Devait-il comprendre qu'il lui fallait aller à Dodone, le pays des chênes ? On racontait que ces arbres, doués de parole, transmettaient les messages du souverain des dieux. Se dirigeant alors vers le nord, il y parvint au terme d'un long voyage. Hélas ! nul ne put satisfaire sa curiosité et, bien qu'on lui ait promis une aide divine, Persée commençait à perdre courage. Longtemps, il erra à travers de nombreuses contrées, éloignées de la mer. Puis il se mit en route pour Éleusis. Partout et toujours, il questionnait ceux qu'il croisait sur son chemin. Partout et toujours, la même réponse : on ignorait où se trouvait le pays des Gorgones.

Assis sous un olivier, la tête entre les mains, Persée sentit un immense désespoir le gagner. Non, jamais il ne réussirait à tenir sa promesse... Comment affronter le regard ironique de Polydectès, de retour à Sériphos ? Impossible. Mieux valait ne plus jamais revoir l'île de son enfance.

Ce fut alors qu'il sentit autour de lui une présence particulière, merveilleuse. Il leva les yeux et vit devant lui un jeune homme ou plutôt un adolescent. Ce qui surprenait dans sa personne était moins sa beauté que la baguette d'or qu'il tenait, ainsi que son chapeau et ses sandales munies de petites ailes. Une joie subite détendit les traits fatigués de Persée.

— Penses-tu tuer Méduse à mains nues ? Il te faut des armes. Tu les trouveras chez les nymphes du Nord. Mais seules les Grées connaissent la route qui mène à elles, dit le mystérieux voyageur.

— Je t'ai reconnu. Tu es Hermès, le messager des dieux. J'agirai ainsi que tu le dis, répondit Persée avec un grand sourire.

Jeux
IX
Danaé

1 Test de lecture

Relie chaque nom propre de la première colonne à la définition qui convient.

1 - Acrisios	a - Île où échoue le coffre.
2 - Danaé	b - Nom des trois monstres femelles dont l'une est mortelle.
3 - Sériphos	c - Ville où sont rendus les oracles d'Apollon.
4 - Polydectès	d - Ville où commence l'histoire.
5 - Les Grées	e - Mère de Persée.
6 - Les Gorgones	f - Grand-père de Persée.
7 - Méduse	g - Elle pétrifie tous ceux qui croisent son regard.
8 - Delphes	h - Nom du roi qui veut épouser la mère de Persée.
9 - Argos	i - Nom du pêcheur qui recueille Persée et sa mère.
10 - Dictys	j - Elles n'ont qu'un œil pour elles trois.
11 - Hermès	k - Nom du pays des chênes.
12 - Dodone	l - Nom du messager des dieux que Persée a reconnu.

2 Qui suis-je ?

Retrouve les personnages grâce aux indices.

A — Acrisios est bien cruel envers sa fille et son petit-fils ! En les enfermant dans un coffre et en les jetant à la mer, il souhaite leur mort à tous deux. Il existe une autre histoire où un petit enfant est déposé dans un panier d'osier par sa mère et qu'un fleuve emporte jusqu'au palais d'un roi.

De qui s'agit-il ? ……………………………

B — Dans une autre légende, ce sont deux jumeaux qui échappent à la mort de la même façon. Eux sont recueillis par une louve qui les nourrira de son lait.

De qui s'agit-il ? ……………………………

3 Test de mémoire

Voici une occasion de faire le point sur les métamorphoses que ces histoires relatent.

Complète ce tableau. Un exemple t'est donné au début.

Danaé	Zeus	pluie d'or
……………………	……………………	laurier
Leucothoé	……………………	……………………
……………………	……………………	araignée
……………………	Artémis	……………………
……………………	Apollon	tournesol

Zeus est le dieu le plus important dans la mythologie grecque. Les Romains l'ont introduit dans leur mythologie. C'est pourquoi il a aussi un nom latin. Le connais-tu ?

Fiche d'identité

Zeus

Portrait
Majestueux.
Porte une barbe et une abondante chevelure.
Tient dans une main la foudre que lui forgea Héphaïstos, de l'autre l'égide, bouclier fait avec la peau de la chèvre Amalthée.

Signes particuliers
Se métamorphose de mille façons (coucou, taureau, cygne, aigle, pluie d'or, cheval…).
Époux volage.

Né de :
Cronos (ou Chronos) et Rhéa.

Frère de :
Hadès, Poséidon, Héra, Déméter…

Époux de : Héra.

Père de : Tantale et d'innombrables enfants qu'il a conçus aussi bien avec sa femme qu'avec d'autres divinités et des mortelles.

Profession : souverain suprême des dieux et des hommes.

Adresse : l'Olympe.

Animal : l'aigle.

Arbre : le chêne.

Lieux où sont rendus ses oracles :
Dodone et Olympie.

Jour consacré : jeudi (du nom de Jupiter).

Équivalent latin : Jupiter.

X

Persée et Méduse

QUELQUES JOURS PLUS TARD, après avoir traversé le fleuve Océan et longé le sombre pays des Cimmériens, Persée arriva au pays des Grées, guidé par Hermès. Là, il ne parut pas s'étonner de la lumière crépusculaire qui donnait au paysage un air fantomatique. Dans le ciel ne resplendissait ni la lune ni le soleil, si bien que ceux qui s'aventuraient jusque-là ne purent jamais dire si c'était le jour ou la nuit. Toutes ces particularités, Hermès les avait apprises à Persée durant leur voyage.

Soudain, trois formes, à peine moins grises que la lumière et fanées par le temps, surgirent du brouillard. Sans bruit, Persée s'en approche, se faisant aussi petit qu'il le peut. Mais comment ne pas être pris de dégoût en voyant ces trois créatures au corps de cygne et au visage plissé comme une coque de noix se passant de l'une à l'autre l'unique œil qui leur permettait de voir chacune à leur tour ! Persée attend l'instant propice pour agir. Enfin le voilà ! Au moment où la première des Grées tend l'œil à la seconde, le jeune homme bondit et s'en empare.

— Mais enfin, qu'attends-tu ? Donne-le moi ! s'exclama la première créature.

— Tu viens à l'instant de me le prendre.

— Moi ? Jamais !

— Alors, c'est toi ?

— Mais non, c'est elle qui te l'a demandé.

— L'une d'entre nous l'a forcément…

— Détrompez-vous ! dit alors Persée.

— Qui est là ?

— Je m'appelle Persée. Si vous voulez récupérer votre œil, vous devrez tout d'abord m'indiquer la route qui mène aux nymphes du Nord.

Apeurées comme des poules, les trois Grées se hâtèrent de renseigner le jeune homme, chacune interrompant l'autre tant elles étaient pressées que Persée leur restituât cet œil unique. Satisfait, il le leur rendit et, toujours en compagnie du messager des dieux, il se rendit jusqu'à cette terre inconnue où vivaient les nymphes du Nord, détentrices des objets magiques promis par le dieu : des sandales ailées, une besace qui prenait la taille de ce qu'on y mettait et le sombre casque d'Hadès qui rendait invisible celui qui le portait.

Les deux voyageurs, maintenant munis tous deux d'ailes à leurs talons, prirent leur envol, franchirent l'Océan afin d'atteindre l'île où demeuraient les Gorgones. Parvenus au terme de leur voyage et avant que Persée ne s'engageât plus avant, Hermès lui remit son épée. La lame en était si dure et si bien trempée que les écailles recouvrant le corps de Méduse ne pourraient ni la briser ni même l'ébrécher. Après ce dernier don, le messager des dieux quitta le jeune homme. Alors Persée s'achemina vers son but.

Soudain, il s'arrêta : ces formes étonnantes sculptées par les vents et la pluie, mais oui… des formes humaines ! Et cette surprenante roche qui semblait marcher à quatre pattes… c'était une hyène ! Ainsi donc, de tous côtés, aussi loin que se portait son regard, se dressait la multitude des victimes de Méduse. Persée ne put s'empêcher de frissonner. À quoi lui serviraient l'épée, la besace et le casque s'il lui fallait tuer le monstre à l'aveuglette ? Ce fut alors qu'Athéna, l'ennemie jurée de la Gorgone mortelle, apparut. Quiconque la voyait reconnaissait aussitôt la déesse guerrière.

— Persée, ne crains rien. Prends mon bouclier de bronze. Jamais tu ne devras le quitter des yeux car lui seul te permettra de voir Méduse sans avoir à croiser son regard. Tu éviteras ainsi de rejoindre ce peuple de statues. Va !

Seul maintenant au milieu de ces ombres fantastiques, Persée avance. Il lui semble tout à coup entendre un souffle puissant. Est-ce Océan battant la grève de ses vagues capricieuses ? Non, ce bruit est rythmé comme une respiration. Pas de doute, il reconnaît dans son bouclier poli comme un miroir les terribles sœurs endormies. Le sommeil a entrouvert leur bouche d'où s'échappe une langue pendante. Leurs ailes sont repliées et leurs flancs couverts d'écailles se soulèvent et s'abaissent régulièrement. Un long frisson d'horreur parcourt Persée quand, ayant déplacé son bouclier, il découvre l'enchevêtrement de serpents qui leur sert de chevelure. Ils ondulent, sifflent, se contorsionnent.

Rassemblant son courage, le fils de Danaé, silencieux, s'élève au-dessus des Gorgones jusqu'à ce que la seule gorge de Méduse se reflète dans son bouclier. Il lève alors son glaive et sent, en l'abattant, qu'une main invisible le guide. D'un seul coup, la tête se sépare du tronc. Jaillissent alors, laissant à peine le temps à Persée de s'écarter, un magnifique cheval ailé, Pégase, et son cavalier armé d'une épée d'or, Chrysaos. Vite, attraper la tête, la déposer dans la besace ne lui prend qu'un court instant. Mais les battements d'aile de Pégase réveillent les sœurs de Méduse. La vision de son cadavre décapité leur arrache des

« Jaillissent alors, laissant à peine le temps à Persée de s'écarter, un magnifique cheval ailé, Pégase... »

cris effrayants. Et déployant leurs larges ailes, elles battent l'air, cherchant vainement le meurtrier que son casque rend invisible. Rapide comme la pensée, Persée fuit ce lieu ensorcelé.

Sans crainte de déshonneur, Persée peut désormais rejoindre sa chère île, calmer l'inquiétude de sa mère très aimée, et prouver à Polydectès qu'au fils d'un dieu, rien n'est impossible. Mais alors qu'il longeait la côte de Philistia en direction du nord et que son cœur songeait au doux retour, il entendit, venant d'en bas, un chant d'une tristesse infinie. Guidé par cette mélodie plaintive, il discerna bientôt une forme pâle sur un rocher que la mer frangeait d'écume. Cette tache blanche, il l'eût prise pour une statue de marbre si le vent n'avait joué avec ses cheveux. Descendant un peu plus, lui apparut alors une toute jeune fille, dont la longue chevelure claire cachait mal la nudité. Ses chevilles, son cou étaient parés de bijoux somptueux. À peine la vit-il qu'il sut ce que c'était que d'aimer. Arrivé près d'elle, il remarqua ses poignets meurtris par les liens qui l'enchaînaient au roc.

— Qui es-tu et quel est ce pays où l'on ose couvrir de chaînes une jeune femme aussi belle que toi ?

D'abord muette tant les sanglots se pressaient dans sa gorge, elle réussit à dire :

— Je m'appelle Andromède et je suis la fille de Cassiopée, reine de la côte que tu vois là-bas. Je dois mourir parce que ma mère a osé se dire plus belle que les Néréides. Pour la punir, Poséidon noya nos terres. L'oracle que mon père consulta lui apprit que le dieu de la Mer demandait réparation pour ces paroles audacieuses. Il devait m'offrir en sacrifice au monstre marin qui ne manquerait pas de détruire notre pays en cas de désobéissance. Mon père dut s'incliner…

Un bruit de cataractes couvrit les dernières paroles d'Andromède. En même temps, la mer s'ouvrit et un dragon gigantesque en jaillit. Frappant les flots de sa queue tortueuse, il fendit de son poitrail la surface de l'eau comme l'étrave d'un navire mu par la force des rameurs. Tout proche maintenant de la jeune fille qui hurle d'horreur, il ouvre sa gueule immense pour la dévorer. Persée, qui a regagné les airs et dont la frêle silhouette survole le monstre, fond sur lui à toute vitesse comme l'aigle sur sa proie. Une fois encore, il frappe de toutes ses forces avec sa bonne épée et, avant que le monstre atteigne Andromède, il le perce de cent coups, malgré les gerbes d'eau que la queue du monstre projette sur lui. L'écume de la mer se teinte de rouge tandis que le monstre disparaît dans les profondeurs. Persée la disperse et plonge dans la mer ses mains souillées de sang avant de trancher les liens d'Andromède. Sur les eaux devenues calmes règne un grand silence.

Avant de rejoindre la foule enthousiaste qui avait envahi la côte, Persée remercia les dieux de sa victoire. À peine à terre, on lui désigna le roi et la reine Cassiopée. S'il leur rendit leur fille, ce fut aussitôt pour la demander en mariage.

Peu de temps après, les deux jeunes gens quittèrent la Lybie, terre natale d'Andromède, et se rendirent à Sériphos par la mer. Durant la traversée, Persée raconta à sa jeune épouse ses merveilleuses aventures. Andromède n'ignorait plus rien de sa vie et sa hâte était grande de trouver en Danaé une nouvelle mère. Il lui semblait qu'elle saurait reconnaître entre mille la cabane de Dictys. Surtout que Persée ne lui dise rien !...

— C'est elle, lui dit Andromède en désignant la petite maison au bord de l'eau.

Mais qu'est-il arrivé ? La cheminée ne fume pas. L'enclos de la chèvre est désert et le potager laissé à l'abandon... Avisant un pêcheur sur la plage, Persée l'interrogea longuement.

L'homme lui raconta alors que la femme de Dictys était morte depuis longtemps. Danaé, qui refusait toujours d'épouser Polydectès, même après le départ de son fils, avait dû fuir sa colère. Où se trouvait-elle ? Le pêcheur refusa de l'avouer à ce jeune homme qui se disait son fils. Quant au roi, il offrait en ce jour un banquet dans son palais. Portant sur son épaule sa précieuse besace contenant toujours la tête de Méduse, Persée s'y rendit. Sans laisser les convives revenir de leur surprise, le fils de Zeus fit irruption dans la salle du festin et brandit devant lui la tête de la Gorgone. Pas un n'échappa au regard de Méduse et tous s'immobilisèrent dans l'ébauche de leur dernier geste : les yeux morts de Méduse conservaient leur pouvoir maléfique.

De toutes les ruelles du port, de toutes les places accoururent les habitants de l'île. La foule acclama celui qui la libérait de la tyrannie de Polydectès. Quand Persée eut révélé son identité, on alla chercher Dictys et Danaé, réfugiés dans un temple. La joie rendit muette la mère tandis que l'émotion nouait la gorge du fils. Mais il ne fut pas besoin de parler : ils s'étreignirent. Elle, toute petite et vieille. Lui, dans la force de la jeunesse ; lui dont le duvet des joues avait disparu. Une fois la joie des retrouvailles passée, Dyctis pleura lorsque Persée le persuada d'accepter la couronne du royaume.

Persée, lui, devait retourner à Argos avec sa femme et sa mère. Nul doute qu'Acrisios serait heureux de les revoir. Il n'était pas dans les intentions de Persée de tuer ce grand-père dont il ne gardait aucun souvenir !

Mais telle n'était pas l'intention des dieux et le destin annoncé par l'oracle devait s'accomplir. Une fois rendue à Argos, Danaé apprit que son père s'était enfui à l'annonce de son arrivée. Personne ne savait où il se trouvait. Que faire ? Persée, soucieux d'étendre sa renommée, décida alors de se rendre à Tarissa où le fils du roi organisait des jeux funèbres en l'honneur de la mort de son père. L'une des épreuves du pentathlon était le lancement du disque. Vint le tour de Persée. Tenant bien le disque en main, ramassé sur lui-même, le jeune homme s'élance, tournoie et lâche le disque. À ce moment précis, une violente bourrasque en dévie la trajectoire. Le lourd projectile termine sa course dans les gradins, atteignant un malheureux spectateur... Acrisios !

Ainsi le vieux roi d'Argos périt-il de la main de son petit-fils comme l'avait annoncé l'oracle de Delphes.

Et la tête de Méduse, demanderez-vous ? Elle orne maintenant le bouclier de Zeus que sa fille Athéna porte pour lui.

Quant à Andromède et Persée, ils vécurent ensemble et leur fils ne fut rien moins que le grand-père d'Hercule.

Mais c'est une autre histoire...

Jeux

X

Persée et Méduse

1 Noms imbriqués

Les cases de la grille ci-dessous contiennent les syllabes de 11 noms propres contenus dans ce chapitre. À toi de les reconstituer ! Complète ensuite les phrases.

PHOS	NA	DEL	HER	GO	AN	TES
GOR	DEC	DO	DES	A	DRO	SIOS
NES	SE	PO	PO	DE	DO	MES
THE	I	RI	NE	HA	A	ME
	LY	SE	PHES	CRI		DON

1 - Nom du roi qui veut épouser Danaé : ....

2 - Nom de l'île où ont échoué Persée et sa mère : ....

3 - Méduse est l'une des trois : ....

4 - Là se trouve le plus grand temple dédié à Apollon : ....

5 - Les chênes y parlent pour dire l'avenir : ....

6 - Dieu qui guide Persée jusqu'au pays des Grées puis des Gorgones : ....

7 - Cette déesse remet à Persée un bouclier qui lui sera fort utile : ....

8 - Grâce au casque de ce dieu, Persée est invisible : ....

9 - Persée lui sauve la vie : ....

10 - Dieu de la Mer : ....

11 - Nom du grand-père de Persée : ....

2 Devinettes

C'est Athéna qui changea en affreux serpents ses beaux cheveux et qui fit que ses yeux eurent le pouvoir de changer en pierre quiconque la regarderait.

Qui est-ce? ....

À la fois cheval et oiseau, cette créature merveilleuse jaillit de la Gorgone lorsque Persée lui coupa la tête.

Qui est-ce? ....

3 Étymologie

Vocabulaire Dans le nom *Polydectès*, il y a la racine grecque *poly-* qui signifie «plusieurs». Cette racine entre dans la formation de nombreux mots.

Ainsi, une statue polychrome est décorée de plusieurs (*poly-*) couleurs (*chrome*).

En t'aidant de la liste, complète les définitions.

Liste : théiste - glotte - copie - gone.

1 - La poly.............................. est un procédé de reproduction.

2 - Un poly.............................. est une figure géométrique comportant plusieurs côtés.

3 - Lorsqu'on est poly.............................., on croit en l'existence de plusieurs dieux.

4 - On est poly.............................. lorsqu'on parle plusieurs langues.

Messager des dieux aux sandales ailées, Hermès remplit d'autres fonctions. Découvre ses autres particularités.

Fiche d'identité

Hermès

Portrait

Jeune et bel athlète, imberbe et bouclé. Tantôt nu, tantôt avec un manteau jeté sur les épaules. Il tient très souvent d'une main une bourse et de l'autre le caducée. Son chapeau rond et ses sandales sont ailés.

Signes particuliers

Très astucieux. À peine né, il vola à Apollon ses troupeaux. Il se fit pardonner en lui donnant une de ses inventions : la lyre. Il déroba aussi son trident à Poséidon, son épée à Arès et sa ceinture à Aphrodite. On le dit aussi l'inventeur de la course à pied.

Né de : Zeus et Maia.

Frère de :
Arès, Héphaïstos et de bien d'autres (voir la fiche de Zeus).

Époux de : personne.
Hermès n'eut pas d'épouse légitime, mais il aima plusieurs mortelles et déesses.

Père de :
Hermaphrodite qu'il eut avec Aphrodite. On le dit aussi père du dieu Pan et des dieux Lares qu'il conçut avec la nymphe Lara.

Profession :
messager des dieux, dieu de l'Éloquence, des Marchands (et même des Voleurs).

Adresse :
l'Olympe, où il sert l'ambroisie à la table des dieux.

Lieux où sont rendus ses oracles :
en Achaïe. Il était également très honoré en Crète.

Jour consacré :
mercredi (du nom latin Mercure).

Équivalent latin : Mercure.

— XI —

Adonis

VOILÀ PRESQUE NEUF MOIS QUE MYRRHA, fuyant son pays natal, marche sans presque jamais s'arrêter. Cette longue route, l'enfant qu'elle porte dans son ventre et le remords d'une faute qu'elle a commise l'ont épuisée. Elle s'affaisse sur le sol et murmure :

— Je n'ai plus la force de vivre et n'ai pas le courage de mourir. Ô dieux ! trouvez le moyen de me faire échapper à la vie comme à la mort…

À peine avait-t-elle prononcé ces paroles que ses os devinrent de bois et que son sang se transforma en sève. Quelque temps plus tard, le corps de Myrrha avait disparu, mais, à sa place, se dressait un balsamier. Qui s'en fût approché aurait entendu une voix pleurer doucement et aurait pu recueillir les larmes tièdes qui coulaient sur son tronc.

Aujourd'hui, l'arbre gémit : l'enfant que porte Myrrha veut sortir du ventre maternel. De toutes ses forces, il pousse. Sa jeune vigueur distend l'écorce et la mère geint sous cette poussée. La malheureuse voudrait demander l'aide de la déesse Héra, elle qui secourt les accouchées, mais l'arbre qu'elle est devenue ne le peut. Seules les nombreuses gouttes de myrrhe qui humectent le tronc disent qu'elle a mal. Pourtant, l'épouse de Zeus l'a vue et a pitié. Ayant quitté l'Olympe, elle s'approche, étend devant elle ses bras et prononce les mots de la délivrance. Aussitôt l'arbre se fissure, livrant passage au nouveau-né qui, à peine à l'air libre, pousse son premier cri. Les naïades qui accompagnaient Héra le prennent tendrement dans leurs bras et l'étendent délicatement sur l'herbe. L'une d'elles a caressé le tronc et les rameaux du balsamier et, de ses mains humides de myrrhe, elle effleure le corps du nourrisson, lui disant :

— Que tu es beau ! Ta beauté est celle d'un seigneur. C'est pourquoi tu t'appelleras Adonis.

Le temps passe. Élevé par les nymphes dans une grotte, Adonis, beau entre tous, est devenu un adolescent. Et maintenant un jeune homme dont toutes les femmes, jeunes ou vieilles, sont amoureuses. Sa réputation parvient jusque sur l'Olympe, jusqu'à Cythère où Aphrodite aime à séjourner. Aphrodite est curieuse. Elle veut connaître celui qui enflamme tous les cœurs. À peine la déesse de l'amour l'aperçoit-elle qu'elle ne voit plus que lui, que plus rien ne compte que sa présence. Elle n'a pas de mal à le séduire et bientôt ne le quitte plus. Adonis aime la chasse. Et voilà Aphrodite qui retrousse sa robe et parcourt les monts et les bois aux côtés de son bien-aimé. Plus de repos sous les frais ombrages ! Oubliées, les longues heures passées à se faire belle ! Tout son temps, elle le passe à chasser les animaux dont la capture ne présente aucun danger. Aux sangliers, aux loups et aux lions que convoite Adonis, elle préfère les lièvres et les cerfs. Mais le jeune homme ne veut pas se contenter d'être courageux avec le gibier qui fuit devant lui : il veut affronter ceux qui lui tiendront tête.

— Aphrodite, je ne peux me satisfaire de chasser les animaux craintifs que la nature a dépourvus de défenses. Si je veux qu'on m'admire, c'est à ceux qui sont dangereux que je dois me mesurer…

Adonis ne peut poursuivre, interrompu par la déesse :

— Moi, je t'admire ! et je ne veux pas te perdre. Surtout évite les lions ! C'est une race que je hais, conclut Aphrodite d'une voix pleine de colère.

— Ils ne sont pas moins dangereux que les sangliers. Pourquoi les hais-tu ?

— Cette course m'a fatiguée. Reposons-nous à l'ombre de ce peuplier et je te raconterai le châtiment qu'ils subirent pour une faute très ancienne.

Déjà la déesse s'allonge, rejointe par Adonis. Tout en l'embrassant, elle commence son histoire :

— As-tu entendu parler d'Atalante, cette très belle jeune fille qui surpassait tous les hommes à la course ?

Comme le jeune homme répond par la négative, elle poursuit : Curieuse de connaître des détails sur l'époux qu'elle aurait, Atalante alla consulter un oracle qui lui dit qu'il valait mieux qu'elle n'en eût aucun. Surprise, la jeune fille lui demanda pourquoi.

> « Bien que vivante, tu seras réduite à n'être plus toi-même.
>
> Atalante fut terrifiée par ces paroles, même si elle n'en comprenait pas tout à fait le sens. Et afin de n'être jamais mariée, elle dit partout où elle allait :
>
> — Seul celui qui me vaincra à la course pourra m'épouser, mais sachez bien que ceux que je distancerai mourront. »

— Quelle impitoyable condition ! A-t-elle eu un prétendant ? demande Adonis.

— Non pas un, mais une multitude ! Sans parler de la foule nombreuse venue assister à cette course aux chances inégales. Parmi les spectateurs, Hippomène avait pris place et conversait avec son voisin :

« Sans doute as-tu raison. Je ne comprends pas que l'on mette sa vie en danger pour conquérir une épouse, dit Hippomène. Ils sont fous !

— As-tu déjà vu Atalante ?

Comme le jeune homme hochait la tête pour lui dire non, Atalante apparut. Elle quitta ses voiles, laissant apparaître son corps magnifique. À partir de cet instant, Hippomène ne tarit pas d'éloges sur la jeune fille et souhaita sa victoire. Une fois le départ donné, la jalousie même s'insinua dans son cœur. Et si Atalante ne gagnait pas ? Il ne pouvait imaginer qu'elle appartînt à un autre que lui ! « Je dois participer à la prochaine course si je ne veux pas qu'un autre gagne », se dit-il. Enfin ! Atalante, victorieuse, franchit la dernière borne. Hippomène n'eut pas un regard pour les malheureux vaincus qui allèrent, en gémissant, subir le châtiment convenu. Alors que personne, dans le public, ne voulait rivaliser une autre fois avec la jeune fille, une voix s'éleva :

— Vas-tu te contenter d'un titre de gloire acquis sans peine ? Tes rivaux étaient incapables de résistance ! Mesure-toi maintenant à moi. Si je gagne, tu n'auras pas à rougir de ton époux : mon père avait pour aïeul Poséidon. Et si je perds, ta célébrité sera immense car ma valeur est connue et vaut bien ma naissance.

Pendant qu'il s'adressait à elle, Atalante ne pouvait détacher ses yeux d'Hippomène. En elle-même, elle plaint ce jeune homme, si beau, si jeune, qui ne craignait pas de mourir dans l'espoir de l'épouser. Pour la première fois, elle prenait conscience que le destin qui s'opposait à son mariage était injuste puisque Hippomène était le seul et le premier avec lequel elle eût aimé partager sa couche. Sans le savoir,

« La promptitude de l'attaque déconcerte Adonis
qui n'a plus le temps de fuir... »

maintenant, elle est amoureuse. Déjà le peuple réclame la course qui les opposera tous deux.

Tandis qu'il rejoignait Atalante, Hippomène m'invoqua, me demandant de l'aider puisque c'était l'amour qui le poussait à avoir tant d'audace. Je venais de cueillir trois pommes d'or lorsque la brise m'apporta cette prière. J'arrive en toute hâte et, sans être vue de quiconque sauf de lui, je lui remets les fruits et lui murmure ce qu'il doit en faire à l'oreille. Il était temps ! Les trompettes retentirent, donnant le signal du départ. Les spectateurs, à pleins poumons, encourageaient Hippomène :

— Plus vite ! Plus vite ! Ne ralentis pas, tu gagnes ! Ces acclamations réjouissaient autant Hippomène qu'Atalante qui avait, plus d'une fois, ralenti sa course quand elle aurait pu le dépasser sans peine. Mais Hippomène, la bouche sèche, haletait de fatigue et la borne était encore loin. Il lança alors l'une des pommes. Imagine la surprise d'Atalante ! Le fruit la tentait. Toujours courant, elle dévia sa course, ramassa le fruit d'or, si bien qu'Hippomène la dépassa. Tout le stade hurla et applaudit. Atalante alors accéléra sa course, regagna le temps perdu et laissa à nouveau le jeune homme en arrière. Voilà la deuxième pomme lancée, Atalante retardée, mais Hippomène, peu de temps après, dépassé… Alors il me supplia à nouveau de l'aider car la dernière borne du parcours se profilait déjà. Le dernier fruit d'or fut jeté avec vigueur hors de la piste. Comme Atalante hésitait à aller le prendre, je l'y obligeai puis rendis son fardeau plus lourd qu'il ne l'était en réalité. Tu devines la fin : Atalante perdit et Hippomène épousa celle qu'il aimait. »

— Mais quel rapport entre cette histoire et les lions que tu hais ? demande Adonis.

— Hippomène ne devait-il pas, après sa victoire, me remercier en m'offrant un sacrifice ? Eh bien ! sache qu'il n'en fit rien. Cette ingratitude me mit hors de moi et je décidai de me venger. Un jour que les deux époux se promenaient dans une forêt qui abritait un temple dédié à Zeus, je fis en sorte qu'Hippomène éprouvât un violent désir pour Atalante. Les deux jeunes gens cherchent un endroit où s'aimer et découvrent une grotte obscure où l'on gardait les statues des anciens dieux. Là, ils s'aiment et ne voient pas que les images sacrées détournent les yeux. Sur l'Olympe, Déméter, elle aussi, les a vus. Horrifiée par cet acte sacrilège, elle songe à les plonger dans le Styx infernal. Puis elle se ravise, trouvant la peine trop légère. Elle préfère qu'ils restent vivants, mais qu'ils ne soient plus eux-mêmes. Voici qu'une fauve crinière recouvre peu à peu leur cou si lisse jusque-là ; insensiblement, leurs ongles se recourbent, s'effilent, deviennent griffes ; de leurs épaules se détachent de lourdes pattes et leur corps s'achève maintenant en une longue queue qui balaie le sol. Ils se regardent : leur face respire la colère ; ils veulent parler : ils n'émettent que des grognements. Partout où ils vont, ils répandent la terreur… C'est pourquoi je ne veux pas te perdre à cause de ton courage.

Après un dernier baiser, un geste de la main, Aphrodite monte sur son char que des cygnes blancs emportent dans les airs.

Arès, le dieu de la Guerre, aime Aphrodite dont il est l'amant. Certes, il sait qu'elle est infidèle, mais toujours elle lui revient. Or, depuis sa rencontre avec Adonis, elle déserte l'Olympe et ne vient plus jamais le rejoindre. Fou de jalousie, Arès veut, sans qu'on puisse le soupçonner, se débarrasser de ce rival trop heureux. Les craintes d'Aphrodite lui inspirent une idée. Adonis est jeune et fougueux. Pourquoi ne pas lui insuffler le goût immodéré de l'aventure, du danger ?

Que pourront dès lors les conseils de la déesse face au désir forcené de gloire qu'il met dans le cœur du bel adolescent ?

Justement, les chiens de ce dernier flairent un sanglier. Partis sur ses traces, ils entraînent Adonis jusqu'à sa bauge. Pas question pour le chasseur de revenir bredouille. Débusqué, l'animal sauvage prend la fuite. Sa course rapide ne décourage pas Adonis. La plaine succède bientôt à la forêt. C'est à ce moment que le pieu du jeune homme atteint le flanc de la bête. Avec une rapidité imprévisible, le sanglier fait volte-face. En même temps que, d'un coup de tête, il arrache de sa chair l'arme rougie de son sang, il se rue sur son agresseur. La promptitude de l'attaque déconcerte Adonis qui n'a plus le temps de fuir. Déjà sur lui, le sanglier plonge ses défenses tout entières dans son aine. Il tombe, moribond.

Tout là-haut dans les airs, Aphrodite entend le faible gémissement de son jeune amant. Aussitôt, sur son ordre, les grands oiseaux blancs volent dans la direction d'où vient le cri. Maintenant toute proche, elle aperçoit le corps de son bien-aimé qui gît dans son sang. Elle saute du char, court sans se soucier des ronces qui lui griffent les jambes et déchirent sa tunique. Aveuglée par les larmes, elle parvient enfin près d'Adonis. Toute déesse qu'elle est, elle ne peut aller contre les Parques qui viennent de couper le fil d'une vie. Agenouillée, elle prend ce corps qu'elle aime tant. Non ! elle ne peut accepter qu'il n'en reste rien, que l'oubli l'engloutisse à tout jamais.

— Je veux qu'il reste un souvenir de mon chagrin et de ta beauté incomparable. Puisque je ne peux te rendre à la vie, que de ton sang naisse une fleur.

Et disant ces mots, elle verse le précieux nectar sur le sang qui s'écoule de la blessure. Alors sort de la terre une fleur couleur de sang : l'anémone…

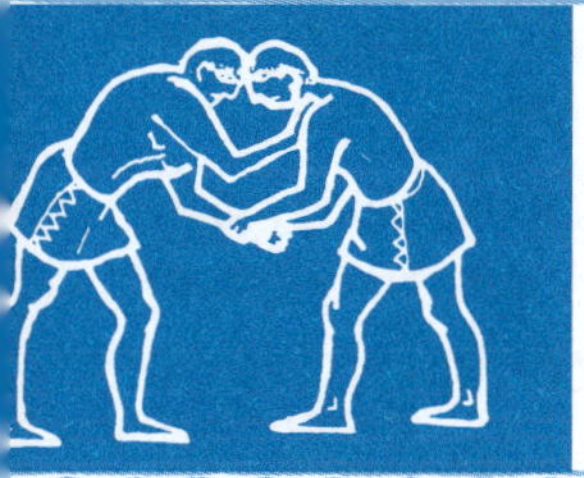

Jeux

XI

Adonis

1 Rébus

À l'aide de ces deux images, retrouve le nom d'un personnage qui a subi une métamorphose.

Réponse : ....

2 Charades

De qui ou de quoi s'agit-il ?

A — Mon premier se dit trois fois avant « hourrah ! ».
Mon deuxième est de couleur différente selon les continents.
Mon troisième est synonyme d'aliments cuisinés.
Mon quatrième est un petit mot qui accompagne « pas ».
Mon tout est métamorphosé en lion.

Réponse : ....

B — Mon premier brait.
Mon deuxième est au milieu de la figure.
Mon troisième est composé de syllabes.
Mon quatrième peut être double ou coulant.
Mon tout naquit du sang d'Adonis.

Réponse : ....

3 Test de lecture

Rappelle-toi bien ce chapitre et coche la bonne case.

1 - Myrrha a été transformée en :

a palmier b balsamier

2 - La déesse qui aide Myrrha à accoucher est :

a Héra b Athéna

3 - Des cygnes conduisent le char :

a de Déméter b d'Aphrodite

4 - Le nom de la jeune fille qu'Hippomène bat à la course est :

a Atlanta b Atalante

5 - Le dieu jaloux d'Adonis s'appelle :

a Arès b Hermès

4 Situations d'hier et expressions d'aujourd'hui

Vocabulaire Certaines expressions de la langue française font référence à des personnages de légendes mythologiques. Elles sont employées pour évoquer une situation souvent similaire à celle où s'est trouvé un héros de la mythologie.

Relie chaque expression à sa bonne définition.

Expressions	**Définitions**
1 - Rester médusé.	a - C'est son point faible.
2 - C'est son talon d'Achille.	b - Une entreprise énorme.
3 - Être narcissique	c - Être sans voix ni geste sous l'effet de la surprise.
4 - Un travail de Titan.	d - Porter une attention exclusive à soi-même.
5 - Être sous l'égide de…	e - Être sous la protection d'une personne importante.

Aphrodite,
nage de la sensualité féminine, défend dans les combats es héros préférés. Elle favorise le mariage et l'amour en dehors de toutes lois. Découvres-en plus sur cette déesse.

Portrait

eune, belle et souvent riant. Toujours représentée nue ou à demi nue, tantôt émergeant des flots sur une conque marine, tantôt traînée sur un char attelé de colombes ou de cygnes.

Signes particuliers

Beauté irrésistible. Possède une ceinture magique qui renferme tous les pouvoirs de la séduction (le sourire engageant, l'éloquence des yeux, les soupirs persuasifs, la grâce).

Fiche d'identité

Aphrodite

Née de : l'écume de la mer et du sang d'Ouranos (en grec, *Aphos* signifie « écume »).

Épouse de : Héphaïstos.

Mère de :
- Éros, qui a pour père Arès et non Héphaïstos ;
- Hermaphrodite, qu'elle eut d'Hermès ;
- Énée, qui fonda la ville de Rome et qu'elle eut avec Anchise, simple mortel.

Profession :
déesse de la Beauté et de l'Amour.

Adresse :
l'Olympe ou l'île de Cythère.

Fleur : la rose.

Fruit : la pomme.

Animaux :
le cygne et surtout la colombe.

Sanctuaires où elle est vénérée :
Cnossos en Crète, Paphos dans l'île de Chypre, et dans l'île de Cythère.

Jour consacré :
vendredi (du nom latin de Vénus).

Équivalent latin : Vénus.

XII

Prométhée, le voleur de feu

ENFIN, APRÈS DIX ANNÉES DE COMBATS INCERTAINS, Zeus vient de vaincre les Titans. Qu'aurait-il à craindre désormais de ses ennemis qu'il a enterré vifs sous la terre ? Il ne redoute même plus Atlas, le plus colossal d'entre eux, depuis qu'il l'a condamné à soutenir le vaste ciel de sa tête et de ses bras infatigables.

Pourtant, il reste deux Titans qui vivent aujourd'hui librement à ses côtés : Prométhée et son frère Épiméthée qui, pendant cette guerre, n'ont pris parti pour aucun des deux camps. Non par lâcheté mais parce que leur mère leur avait prédit que la ruse l'emporterait sur la force et la violence dans cette lutte sans merci.

— Mes frères, écoutez-moi ! leur avait dit Prométhée à plusieurs reprises, je vous vois arracher au cœur des monts des rochers aussi grands que des collines en espérant atteindre Zeus qui siège sur l'Olympe. Comme vous, je ne veux pas me soumettre à son autorité, mais nos muscles ne nous serviront à rien si nous n'utilisons pas la ruse…

Hélas ! les Titans n'accordèrent pas même un regard à leur jeune frère, sûrs que leur seule vigueur viendrait à bout de l'arrogance du dieu.

La suite des événements avait donné raison à Prométhée… Pour récompenser la réserve des deux frères, Zeus leur a épargné tout châtiment et leur accorde même ses faveurs :

lors des festins qu'ils partagent avec les dieux, ils se régalent de leur mets favori, l'ambroisie plus douce encore que le miel, et boivent le divin nectar dans leurs coupes d'or.

À voir Prométhée rire ou parler aimablement avec les Olympiens, qui penserait que son cœur n'aspire qu'à la vengeance et à la révolte ? Il n'a pas pardonné à Zeus sa cruauté envers ses frères et il éprouve de la pitié pour les hommes qui subissent la tyrannie du nouveau maître de l'univers. Ce dernier exige toujours plus de sacrifices, toujours plus d'offrandes. La révolte gronde et le regret emplit le cœur de nombreux humains.

— Le père de Zeus exigeait que nous lui obéissions, mais au moins nous avons été heureux sous son règne.

— Oui ! Comment prospérer s'il nous faut lui sacrifier nos plus belles bêtes et lui offrir la meilleure part de nos récoltes ?

— Depuis que Zeus a chassé son père du trône, nous avons tout perdu, et nos biens et notre liberté !

— Ne nous laissons plus faire ! Brûlons pour les dieux de l'encens et des parfums sur nos autels, mais ne tuons plus nos bêtes alors que nous mourons presque de faim.

Bientôt les murmures se transforment en rumeurs, puis s'amplifient en clameurs qui parviennent jusqu'au souverain des dieux.

Irrité par leurs récriminations, Zeus tonne, gronde et envoie sa foudre sur la terre.

— Pourquoi te fâcher ainsi et hausser le ton ? demande Prométhée. Il te suffirait de paraître pour mettre un terme à la révolte de ces créatures misérables. Si tu veux, je vais de ce pas leur annoncer ta venue et je te promets d'obtenir d'eux le sacrifice du plus gros de leurs bœufs. Tu décideras ce jour-là de la part que les hommes doivent te sacrifier dans l'animal qu'ils te consacrent.

Zeus accepte la proposition, sans voir le sourire qui éclaire le visage de Prométhée alors qu'il quitte la salle où siège le plus grand des dieux.

Quelque temps plus tard, le voilà à Sycione, près de Corinthe.

— Ne craignez rien, dit-il aussitôt aux hommes que sa haute taille impressionne.

— Qui es-tu et quel est ton nom ?

— Je suis l'un des fils de Japet et je me nomme Prométhée.

Puis, baissant la voix, il leur parle un long moment. À peine s'est-il tu qu'on abat le bœuf le plus gras, qu'on le dépèce, qu'on le désosse.

Il s'approche alors de la bête sacrifiée. Il se baisse et, plongeant ses mains dans la chair encore ruisselante de sang, il fait deux tas. Dans la dépouille, il dispose la chair et les abats qu'il cache soigneusement dans la panse. Le reste, os blancs et déchets, constitue le second tas qu'il recouvre artistement d'une belle couche de graisse luisante dont il sait que Zeus est friand.

Enfin, voici le souverain de l'Olympe. La lueur qui l'annonce est tellement aveuglante que les hommes, terrifiés, prennent la fuite et se cachent.

— Fils de Japet, tu m'as promis un sacrifice et je ne vois là que deux tas : l'aspect de l'un m'attire tandis que l'autre me déplaît. Lequel m'est destiné ?

— Ô Zeus très glorieux, il te revient de prendre celui que ton cœur te dit de choisir…

En voyant le dieu désigner le sac qu'il savait ne contenir que les os, Prométhée ne peut réprimer un sourire de satisfaction. Lui dont le nom signifie « prévoyant », lui dont les frères sont enchaînés au plus profond des entrailles de la terre, vient de berner le vainqueur de sa race !

Lorsque Zeus découvre la supercherie, la rage le saisit, mais il ne peut se dédire : pour les dieux, les os blancs des animaux, et pour les hommes, la chair succulente et les entrailles ! Mais ce qui accroît la colère de Zeus, c'est le sourire qu'il a vu sur les lèvres de Prométhée. Furieux, il laisse là les hommes avec leur bienfaiteur, se promettant de les punir de cette tromperie.

— Je vous interdis de rendre la force ardente du feu aux hommes ! déclare Zeus d'une voix tonitruante à tous les dieux qu'il a réunis sur l'Olympe. La viande qu'ils ont eue en partage, je veux qu'ils la mangent crue ! Qu'ils redeviennent la proie des bêtes sauvages que le feu ne fera plus fuir à la nuit tombée ! Je veux qu'ils meurent de froid l'hiver et soient ravalés au rang des animaux ! Je veux qu'ils sachent ce qu'il en coûte de contester les honneurs qui me sont dus. Nul n'est libre, hormis Zeus !

Tandis que les hommes souffrent sur la terre, fêtes et banquets se succèdent sur l'Olympe. Prométhée, lui, n'arrive plus à sourire, encore moins à rire. Il sait que Zeus a voulu le châtier à travers les hommes car aucune divinité n'ignorait son intérêt pour eux. Prométhée est triste : en voulant aider l'humanité, il a fait son malheur. Il s'en veut d'avoir souri et comprend que la ruse est inutile contre Zeus : il va lui falloir maintenant l'affronter sans détour. Accoudé au balcon de la nuit, il contemple tout en bas le monde des mortels. Pas une lumière, pas une torche, pas une flamme… Il imagine les hommes blottis les uns contre les autres afin d'échapper à la morsure du froid. Il imagine les bêtes fauves rôdant, les sens en alerte, la faim aiguisée par l'odeur de la chair qu'elles sentent toute proche. Il imagine la peur de celui qui est chargé de veiller, serrant dans ses poings un pieu dont le feu n'a pas durci la pointe. Le visage entre les mains, il pleure, le fort

Titan, lui dont la ruse n'avait jamais été prise en défaut. Mais soudain, il relève la tête. Sa détermination est inébranlable, il fera ce qu'il a décidé, dût-il encourir le pire des châtiments. La bienveillance, l'amabilité que lui manifeste toujours Zeus, il les craint maintenant. Il sent qu'un piège se referme sur lui. Plus un instant à perdre !

Nul ne le voit quitter ce lieu de plaisirs et partir à grandes enjambées. Il se dirige vers une lueur orangée, loin, très loin. Il s'en rapproche, il ralentit le pas : l'obscurité a fait place progressivement à une grande clarté qui provient d'une grotte immense où le feu couve dans des forges colossales. Partout des tisonniers, des pinces, des soufflets. Ce sont les outils du dieu forgeron, Héphaïstos. Sa laideur n'a d'égale que son habileté : il sait aussi bien fabriquer les armes les plus résistantes que les bijoux les plus délicats. Lorsque Prométhée entre, il dort d'un sommeil léger. Aussi silencieux qu'Artémis, malgré sa corpulence, le Titan pénètre plus avant. Il est à quelques pas d'un creuset empli de belles braises ardentes, quand son bras heurte une tenaille. Dans un fracas que multiplie l'écho et qu'amplifie le silence, l'outil heurte le sol. Héphaïstos a ouvert un œil, juste le temps d'apercevoir Prométhée tout près du foyer, une férule creuse à la main. Lorsque, inquiet, ce dernier tourne la tête pour s'assurer que le bruit n'a pas réveillé le dieu forgeron, il voit celui-ci s'étirer, bâiller, les yeux toujours clos. « Ouf ! Héphaïstos a vraiment un sommeil de plomb. Il a sans doute bu trop de nectar. Tant mieux ! » songe Prométhée qui ne sait pas que, sous ses paupières à demi fermées, le dieu boiteux le voit s'emparer d'un charbon ardent et disparaître bien vite.

« Je dirai à mon père Zeus que je dormais et que je n'ai rien vu... » se dit Héphaïstos qui ne veut pas dénoncer le Titan pour lequel il a de l'amitié.

« Toutes les mains se tendent vers les brasiers
qui enflamment cette nuit de fête... »

En voyant une traînée lumineuse traverser le ciel à une vitesse vertigineuse, le veilleur a secoué son voisin endormi.

— Réveille-toi ! Regarde !

— Qu'est-ce que c'est ? questionne l'homme qu'il vient d'arracher au sommeil.

— C'est Zeus ! Il nous envoie cet éclair pour nous anéantir ! répond un troisième que leurs propos ont réveillé.

En quelques instants, tous, hommes, femmes, enfants sont debout, le cœur battant, à scruter l'obscurité déchirée par cette lueur de feu.

Les cythares, les lyres, les flûtes de roseaux ont fait place au silence angoissé qui régnait l'instant d'avant. Les ombres des danseurs se découpent sur les falaises des montagnes, sur les flancs des collines, sur les vastes étendues des plaines. Le fumet des viandes rôties envahit l'espace tout entier. On rit, on pleure, on boit. Toutes les mains se tendent vers les brasiers qui enflamment cette nuit de fête. Tous les bras s'activent à alimenter les bûchers afin qu'ils ne s'éteignent plus, plus jamais.

— Sois remercié, Prométhée !

— Tu es notre bienfaiteur éternel !

— Chaque année, nous organiserons des fêtes en ton honneur !

Un grondement qui vient des hauteurs couvre les voix. C'est Zeus qui a tout vu, tout entendu. Mais Prométhée est heureux. Que lui importe la colère de Zeus ! Il souhaite seulement que les hommes n'en soient pas la cible.

— Écoute bien, Héphaïstos, ordonne Zeus. Je veux qu'avec de l'argile, tu modèles la plus belle des femmes. Il faut que tous ceux qui la verront soient séduits par ses charmes.

— Et quand dois-je te la présenter ?

— Tout à l'heure ! Maintenant va te mettre au travail sans tarder ! tonne Zeus que le vol de Prométhée a rendu fou de colère.

— Puis-je te demander pourquoi…

Le dieu boiteux n'achève pas sa phrase quand il voit son père le menacer de la foudre qui ne le quitte jamais.

Quelques heures plus tard, les mains et les ongles encore gris de la terre qu'il vient de modeler, il revient sur l'Olympe, accompagné d'une jeune fille merveilleusement belle. Ses traits sont parfaits, sa chevelure ondoie sur ses épaules rondes et blanches, sa taille est fine et ses hanches courbes. D'ordinaire, lorsque paraît le dieu forgeron, sa laideur déclenche les rires et les moqueries de l'assemblée. Aujourd'hui, rien de tel : dieux et déesses laissent échapper un murmure d'admiration qui réjouit Zeus. Cette jeune fille est telle qu'il la voulait. C'est elle qui va lui permettre de se venger des hommes et donc de Prométhée, songe-t-il. Des chuchotements le tirent de sa rêverie :

— Oser se présenter nue ! s'indigne Héra, détournant la tête.

— Oui… elle est belle, mais elle n'a aucun charme, juge Aphrodite avec une moue critique.

La jeune fille, les yeux vides, ne semble prêter aucune attention aux propos que suscite son apparition.

— Ou bien elle est sourde ou bien elle est muette comme une carpe ! s'exclame Hermès qui manie la parole mieux que quiconque.

— Eh bien ! Je vous laisse libres de parfaire mon œuvre, déclare le souverain des dieux qui accepte les critiques car elles servent son plan.

Aussitôt, les uns et les autres parent la jeune fille des qualités qu'eux-mêmes possèdent. Résultat surprenant où les qualités offertes par les premiers s'opposent à celles données par les suivants ! Ainsi cette créature possède-t-elle à la fois la gentillesse et la violence, la séduction et la modestie, la candeur et la fourberie, la sagesse et une curiosité extrême…

— Tu t'appelleras Pandore, puisque te voilà pourvue de tous les dons, proclame alors Zeus en souriant. Moi aussi, je désire te donner un cadeau.

Et, lui tendant un merveilleux coffret qui se trouvait près de lui :

— Il est à toi, mais prends bien garde de ne jamais l'ouvrir ! Tiens, en voici la clé. Hermès, pars sans tarder sur la terre afin de conduire Pandore à l'époux que je lui destine : Épiméthée.

Après avoir chaussé ses sandales ailées, Hermès s'élance dans l'azur avec Pandore dont il tient la main délicate. Des éclats de rire retentissent alors sur l'Olympe : Zeus vient de révéler à l'assemblée comment « celle qui a tous les dons » va le venger de Prométhée et des hommes qui ont cru trouver en ce dernier un bienfaiteur.

Jeux

XII

Prométhée

1 Les bonnes définitions

Vocabulaire Certains noms propres sont devenus des noms communs. C'est ainsi que le nom *Don Juan*, personnage de la littérature, désigne aujourd'hui un séducteur.

Maintenant que tu es familiarisé avec un certain nombre de personnages mythologiques, retrouve la signification de chaque mot et coche la bonne réponse.

1 - Un atlas désigne :
- a une haute montagne.
- b une personne qui aime le sport.
- c un recueil de cartes géographiques.

2 - Un pactole désigne :
- a une source de profit.
- b un traité de paix.
- c un gisement de pétrole.

3 - Un adonis est :
- a un nom de fleur.
- b un très beau garçon.
- c un adolescent en crise.

4 - Un cerbère désigne :
- a un guerrier barbare.
- b un gardien sévère et intraitable.
- c un habitant des Balkans.

5 - Un orphéon désigne :
- a un oiseau nocturne.
- b un clown.
- c une fanfare.

6 - Un phaéton désigne :
- a un jeune homme inconscient du danger.
- b un papillon.
- c une voiture à cheval très haute sur roues.

7 - Un satyre désigne :
- a une critique de la société.
- b une mitraillette.
- c un homme vicieux.

2 Qui est-ce ?

Dans le texte, on te dit que Zeus a chassé son père pour prendre le pouvoir à sa place. Quel est son nom ? Découvre-le en trouvant les mots correspondant à ces définitions où son nom se cache.

- Succession des événements dans le temps : ....

- Objet permettant de mesurer précisément la durée : ....

Tu as réussi ? Bravo !

Le père de Zeus se nomme : ....

3 Mots croisés

HORIZONTALEMENT
1 - Elle a tous les dons.
2 - Il a tout vu mais ne dit rien.
3 - Si son frère pense d'abord, lui pense après.
4 - Il voyage beaucoup.
5 - Il est assoiffé de vengeance.

VERTICALEMENT
A - Son châtiment est à la mesure de sa force.
B - Bienfaiteur de l'humanité.
C - Père de Prométhée.
D - Les Titans regrettent son règne.

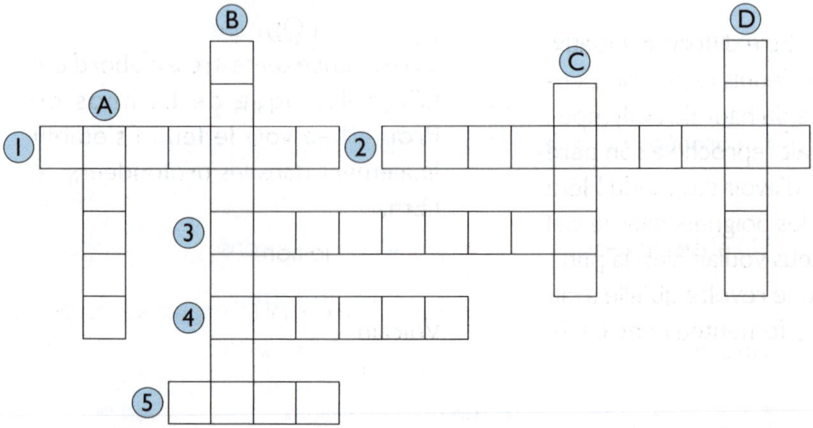

Ce dieu, forgeron habile, fabrique les foudres de Zeus et les armes des dieux et des héros. C'est lui qui attache Prométhée au sommet du Caucase.

Fiche d'identité

Héphaïstos

Portrait

Homme d'âge mur, barbu, portant un bonnet et vêtu d'une toge ne descendant qu'au-dessus des genoux. Il tient de la main droite un marteau, et de la gauche des tenailles.

Signes particuliers

Être difforme, hideux. Boiteux depuis le jour où Zeus le jeta du haut de l'Olympe : il avait reproché à son père d'avoir suspendu Héra par les poignets dans le ciel (Zeus voulait ainsi la punir d'une révolte qu'elle avait fomentée contre lui).

Né de :
Zeus et Héra.

Frère de :
Arès, Hébé.

Époux de :
Aphrodite.

Père de :
Érichtonios. Héphaïstos, désirant très fort posséder Athéna venue chercher des armes, répandit sa semence sur Terre donnant ainsi naissance à ce fils. On ne lui connaît pas de descendance avec Aphrodite.

Profession :
dieu du Feu, armurier et forgeron des Immortels.

Adresse : l'Olympe.
Sa résidence terrestre a d'abord été l'île volcanique de Lemnos où Prométhée vola le feu. Il s'établit finalement dans les profondeurs de l'Etna.

Animal : le lion.

Équivalent latin :
Vulcain.

XIII

Pandore

Épiméthée, voici Pandore.

Le Titan lève la tête à cette voix connue. À la vue de Pandore, son cœur cesse un instant de battre. Jamais il n'a vu femme si belle, si gracieuse !

— Si elle te plaît, Zeus te la donne comme épouse.

En extase, Épiméthée reste sans mouvement, les yeux rivés sur la jeune fille.

— Je t'en prie, mon frère, n'accepte pas ! lui glisse à l'oreille Prométhée qui vient d'arriver.

— Mon père a pensé à toi car tu sais combien il t'estime, continue Hermès. Mais, bien sûr, il ne veut pas te forcer à accepter ce présent s'il ne te plaît pas…

— Méfie-toi des ruses de Zeus, Épiméthée ! le supplie son frère. Pourquoi t'offre-t-il un cadeau ? Je suis certain que c'est un piège !

— Ne te mêle pas de cela, Prométhée.

— Ne serait-il pas un peu jaloux de toi ? ajoute Hermès à l'intention d'Épiméthée qu'il voit hésiter. Cela n'aurait rien d'étonnant ! Qui ne voudrait épouser celle que les dieux ont comblée de toutes leurs qualités ?

Inquiet, le regard d'Épiméthée va de son frère à Pandore.

La jeune femme lui adresse alors un regard suppliant que brouillent les larmes. Épiméthée ne peut croire qu'une créature si douce, si fragile puisse cacher un danger. Sa main, lentement, se tend vers celle que lui destine Zeus.

— La déesse Déméter lui a promis qu'elle aurait de très nombreux enfants. Et eux aussi hériteront des dons que leur mère a reçus des dieux, murmure encore le messager des dieux à l'oreille d'Épiméthée.

C'est alors que Prométhée comprend vraiment le piège ourdi par Zeus contre les hommes. Un cri terrible s'échappe de sa poitrine puissante tandis qu'il porte ses mains à son front. Comment les hommes vont-ils pouvoir vivre heureux s'ils portent en eux à la fois la violence d'Arès et la gentillesse d'Hestia ? La pudeur d'Artémis et la séduction d'Aphrodite ? La sagesse d'Athéna et la ruse d'Hermès ? Sans cesse, les créatures que Prométhée aime tant vont être déchirées, attirées tantôt par le bien, tantôt par le mal. Et quels maux à venir contient le coffret que Pandore serre contre elle ? Alors, levant la tête vers le ciel, le Titan hurle sa colère :

— Je te maudis, Zeus ! Sache que jamais je ne m'inclinerai devant ta puissance car je ne te crains pas !

Que lui importe d'être châtié, maintenant qu'il a compris que chaque homme portait en lui un ange et un démon et ne connaîtrait jamais la paix ! Solidaire, il aspire à partager le sort de ceux qu'il considère comme ses frères.

Sur l'Olympe, Zeus a entendu les cris de Prométhée. Il sourit tout en lançant sa foudre sur le Titan. Sa vengeance est satisfaite : Prométhée souffre dans sa pensée ; il va maintenant souffrir dans son corps. Sous les yeux épouvantés d'Épiméthée et de Pandore, Prométhée disparaît brusquement au milieu de la nature en flammes.

— Non, je n'y arrive pas… je ne peux enchaîner de force un dieu sur cette montagne, soupire Héphaïstos, lâchant ses outils.

— Passe-lui ces chaînes ! ordonne le Pouvoir au dieu forgeron. Puis, de toute ta force, frappe avec ce marteau et cloue-le au rocher. Vois ce qu'il en coûte à ce chien de Titan d'avoir désobéi à notre père !

Héphaïstos, malheureux, regarde Prométhée qui reste silencieux.

— Loin de toute voix et de tout visage humain, mon père veut que tu endures les pires souffrances. Dans la journée, le soleil brûlera ta peau. Tu désireras la nuit avec passion. Elle tombera, mais tu souffriras alors du froid mordant. Le sommeil ne fermera jamais tes paupières et tu resteras debout, sans pouvoir ployer les genoux. Hélas ! c'est malgré moi que je te cloue sur le mont Caucase.

— Cesse de te lamenter, Héphaïstos ! se fâche une fois encore le Pouvoir. Passe-lui ces chaînes autour des reins, des mains et des chevilles. Serre-les tant qu'elles pénètrent dans sa chair. Puis, de toute ta force, enfonce ce rivet d'acier dans sa poitrine. Prométhée, dis-moi quel secours tu espères maintenant des hommes, toi leur bienfaiteur ?

— Je préfère être enchaîné à ce roc et souffrir plutôt qu'être le valet de Zeus ! Je hais tous les dieux. Leur pouvoir est jeune. Ils se croient en sécurité sur l'Olympe inaccessible. Mais moi, j'ai déjà vu deux monarques chassés du trône. Les noms d'Ouranos et de Cronos te rappellent-ils quelque chose ? Zeus pense-t-il vraiment échapper au destin qui toujours veut que le fils détrône son père ?

Zeus a entendu le blasphème de Prométhée. Sa rage ne connaît plus de limites. Même dans les chaînes, le Titan le provoque et lui tient tête ! Alors, il convoque Hermès et le

« C'est alors qu'un aigle aux longues ailes surgira du ciel
et se régalera de son foie. »

charge d'un message pour le rebelle : « Que Prométhée sache que de la flamme de sa foudre, il frappera la cime du Caucase. Elle volera en éclats et enfouira son corps dans un lit de rocs. C'est alors qu'un aigle aux longues ailes surgira du ciel et se régalera de son foie. Éternellement, il fouaillera la chair afin d'en dévorer l'organe puisque, chaque nuit, son foie s'accroîtra d'une quantité en tout point égale. »

Une fois ces mots achevés et Hermès parti, la terre vacille, le tonnerre gronde, les vents violents soulèvent des colonnes de poussière et la foudre, en éclairs embrasés, jaillit…

Épiméthée n'a jamais revu son frère depuis son mariage avec Pandore. Souvent il regrette sa présence, ses conseils avisés, mais Pandore est si douce, si aimante que sa peine s'estompe avec le temps. Il croit que son épouse, comme lui, connaît un bonheur sans mélange. Il ne se doute nullement que, depuis des semaines maintenant, la curiosité la ronge. Que contient donc le coffret donné par Zeus ? Jusque-là, la sagesse qu'Athéna lui a offerte en partage l'a empêchée d'ouvrir le couvercle bien ajusté. Mais aujourd'hui, un rude combat se livre en elle. Depuis des jours et des jours, elle rôde dans la pièce où elle conserve la précieuse boîte. Plus d'une fois, sa main l'a frôlée d'abord, puis caressée, et enfin s'est appesantie sur les pierres qui brillent d'un éclat tel qu'elle ne peut plus en détacher son regard. « Pourquoi m'avoir interdit de l'ouvrir ? Peut-être y a-t-il des bijoux magnifiques ? Non ! plutôt des pouvoirs magiques qui me permettraient de devenir l'égale des déesses. Oui, c'est cela : elles me jalousent et, plus que Zeus, ce sont elles qui ne veulent pas que je l'ouvre ! Zeus m'aime, sinon comment expliquer la clé qu'il m'a remise ? », songe Pandore qui, d'une main, s'est emparée du coffret et, de l'autre, serre si fort la clé qu'elle lui entre dans la chair. Soudain, elle la repose, puis s'agenouille et, fébrilement, introduit la petite clé dans la serrure. Elle hésite un instant avant de soulever le couvercle… puis, d'un geste brusque, ouvre la boîte toute grande.

Un cri d'horreur arrache Épiméthée à sa tâche. Oui, c'est bien Pandore qui hurle ainsi dans la maison ! Il craint un malheur et court à perdre haleine, le Titan. Le voici enfin à l'intérieur…

Pandore, gémissante, cherche à se protéger le visage de ses deux bras. Du coffret à terre s'échappe une nuée vrombissante, tourbillonnante qui mord, pique et la femme et l'époux puis s'engouffre par la porte laissée ouverte et va se répandre par toutes les maisons, les champs et les bois, partout où vivent et travaillent les hommes. Reprenant ses esprits, Épiméthée se précipite pour fermer le couvercle. Quelle chance pour l'humanité ! Tout au fond de la boîte ne reste que l'Espérance. Oh ! elle n'est pas bien grande, mais c'est elle qui sauvera tous ceux que guette le désespoir…

La vengeance de Zeus est totalement accomplie. Malheureuse Pandore ! elle vient de livrer à l'humanité la Maladie, la Guerre, la Calomnie, l'Envie, la Jalousie, les Soucis qui, depuis ce triste jour, n'ont plus jamais quitté le cœur et le séjour des hommes…

Jeux

XIII

Pandore

1 Qui est qui ?

Les Romains ont conquis la Grèce et ont assimilé ses dieux. Seuls les noms ont changé. En t'aidant des fiches d'identité que tu as lues, complète ce tableau.

Dieux grecs	Dieux romains	« Profession »
Zeus	....	....
....	Junon	....
....	Minerve	....
Apollon	....	dieu du Soleil et des Arts
....	Diane	....
....	Mercure	dieu de l'Éloquence et messager
Héphaïstos	....	dieu du Feu
....	Vénus	....
....	Bacchus	....
Hadès	....	dieu des Enfers

Documentation XIII

La délivrance de Prométhée

Lorsqu'il se rendit aux Enfers, Héraclès (plus connu sous le nom d'Hercule), l'un des fils de Zeus, tua l'aigle qui rongeait le foie de Prométhée et le libéra de ses chaînes.

Le temps passa et Zeus n'en fit jamais reproche à son fils. Plus tard, on raconte que le centaure Chiron accepta de mourir à la place de Prométhée, lui cédant ainsi son droit à l'immortalité. Héraclès lui avait en effet décoché une flèche qui le faisait atrocement souffrir. Il préférait donc mourir plutôt que de souffrir éternellement. Zeus accepta sa proposition et c'est ainsi que Prométhée n'eût jamais à s'incliner devant le dieu ni à lui céder.

Prométhée, par son action et son refus de la servilité, reste pour les hommes le symbole du juste prêt à affronter d'atroces souffrances pour le bien de l'humanité, et à s'opposer à la tyranie du pouvoir.

Réponses aux jeux

I - Apollon et Daphné

(page 10)

Jeu 1

1 - Agathe 2 - Catherine
3 - Daphné 4 - Delphine 5 - Philippe

Jeu 2

1 - c 2 - d 3 - a 4 - b

II - Apollon et Leucothé

(page 17)

Jeu 1

A - An - 100 : encens
B - Lot - riz - haie : laurier
C - Tour - nœuds - sol : tournesol

Jeu 2

A = ◑ O = ⊗ I = ⊗ E = ◐
Aphrodite - Métamorphoses - Ovide.

III - Le défi d'Arachné

(pages 24-25)

Jeu 1

1 - paire 2 - père 3 - perd 4 - pair.

Jeu 2

Léda

Jeu 3

1 - Vrai 2 - Faux 3 - Faux 4 - Vrai
5 - Vrai 6 - Faux

Jeu 4

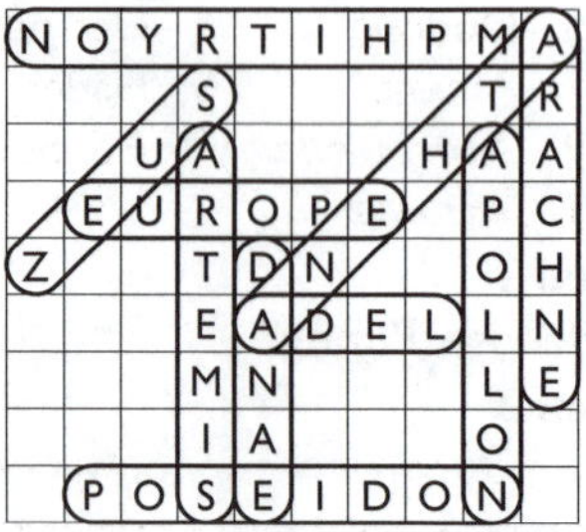

IV - Actéon et Artémis

(pages 32-33)

Jeu 1

crépuscule zénith aurore

Jeu 2

Animal	Femelle	Petit	Habitation	Cri
sanglier	laie	marcassin	bauge	grommellement
lièvre	hase	levraut	gîte	couinement
cerf	biche	faon	forêt	brame

Jeu 3

1 - humilié - punir
2 - sauvages
3 - sans avoir rien pris - riche
en gibier - profitable - très fatigante

Jeu 4

Athéna Aphrodite Artémis

V - Écho et Narcisse

(page 40)

jeu 1

1 - prophétie 2 - écho
3 - chœur 4 - pharmacie

Jeu 2

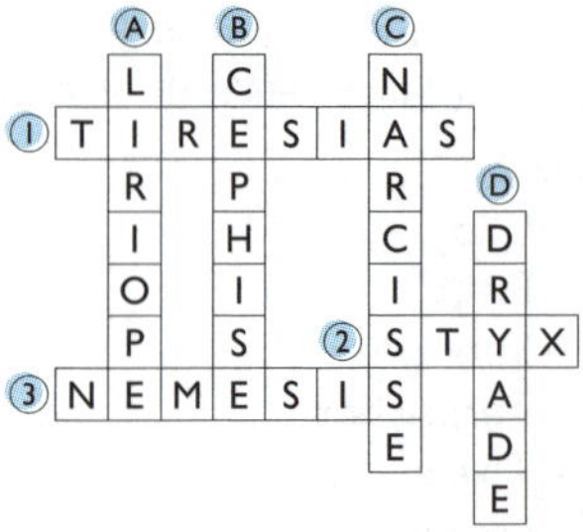

VI - Midas

(pages 49-50)

Jeu 1
1 - céréales - Cérès
2 - arachnéen - Arachné
3 - hermaphrodite - Hermès - Aphrodite
4 - narcissisme - Narcisse
5 - panique - Pan 6 - pactole

jeu 2
Apollon - soleil - lyre - Delphes - Phébus - c
Athéna - Athènes - chouette - olivier - Minerve - a
Artémis - Diane - biche - carquois - lune - Éphèse - d
Dyonisos - vigne - panthère - Bacchus - b

Jeu 3
SILÈNE

VII - Phaéton

(page 59)

Jeu 1
A - le lion B - le taureau
C - le cancer D - le scorpion
E - le sagittaire

Jeu 2
Apollon

VIII - Orphée

(pages 68-69)

Jeu 1
Tristan et Iseult ; Guenièvre et Lancelot ; Hélène et Pâris ; Zeus et Héra ; Héloïse et Abélard.

Jeu 2
1 - Clio
2 - Erato
3 - Euterpe
4 - Terpsichore
5 - Thalie
6 - Uranie

Jeu 3

						B					
	1	S	I	S	Y	P	H	E			
						E				C	
			2	T	A	R	T	A	R	E	
						S				U	
				3	C	E	R	B	E	R	E
	A					P				Y	
	J					H				D	
4	A	T	R	O	P	O	S			I	
	S					N				C	
	O					E				E	
	N										

Jeu 4
Pers - sait - faux - nœud : Perséphone

IX - Danaé

(pages 79-80)

Jeu 1
1-f ; 2-e ; 3-a ; 4-h ; 5-j ; 6-b ; 7-g ; 8-c ; 9-d ; 10-i ; 11-l ; 12-k

Jeu 2
A - Moïse B - Romulus et Rémus

Jeu 3

Danaé	Zeus	pluie d'or
Daphné	Apollon	**laurier**
Leucothoé	Apollon	encens
Arachné	Athéna	**araignée**
Actéon	**Artémis**	cerf
Clytie	**Apollon**	tournesol

X - Persée et Méduse

(pages 90-91)

Jeu 1
1 - Polydectès 2 - Seriphos
3 - Gorgones 4 - Delphes
5 - Dodone 6 - Hermès
7 - Athéna 8 - Hadès
9 - Andromède 10 - Poséidon
11 - Acrisios

Jeu 2
Méduse / Pégase

Jeu 3
1 - polycopie 2 - polygone
3 - polythéiste 4 - polyglotte

XI - Adonis

(pages 101-102)

Jeu 1
Myrrha

Jeu 2
A - hip - peau - mets - ne : Hippomène
B - âne - nez - mot - nœud : Anémone

Jeu 3
1 - b 2 - a 3 - a 4 - b 5 - a

Jeu 4
1 - c 2 - a 3 - d 4 - b 5 - e

XII - Prométhée

(pages 113-114)

Jeu 1
1 - c 2 - a 3 - b 4 - b
5 - c 6 - c 7 - c

Jeu 2
- chronologie - chronomètre -
Chronos ou Cronos

Jeu 3

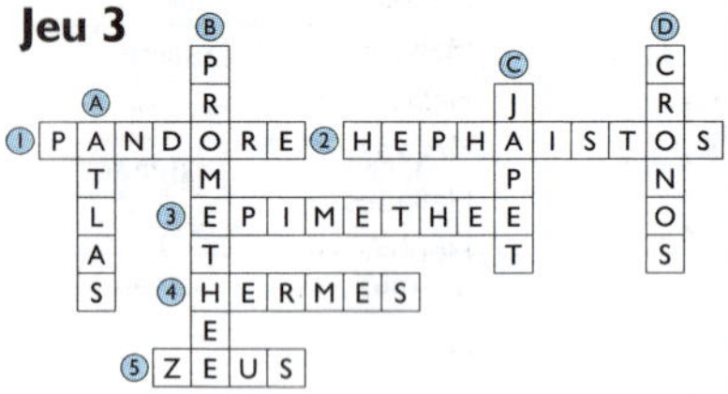

XIII - Pandore

(pages 122-123)

Jeu 1

Dieux grecs	Dieux romains	Pouvoirs
Zeus	Jupiter	souverain des dieux
Héra	Junon	déesse de la Famille
Athéna	Minerve	déesse de la Guerre, de la Sagesse et des Sciences
Apollon	Phébus	dieu du Soleil et des Arts
Artémis	Diane	déesse de la Chasse
Hermès	Mercure	dieu de l'Éloquence et messager
Héphaïstos	Vulcain	dieu du Feu
Aphrodite	Vénus	déesse de l'Amour
Dyonisos	Bacchus	dieu du Vin et de l'Inspiration
Hadès	Pluton	dieu des Enfers

Index des noms propres

Les noms des lieux sont indiqués en maigre et en italique ;
les numéros de pages en couleur renvoient aux fiches d'identité des dieux.

Réalisation : Studio Primart
Suivi éditorial : Sylvie Cuchin
Corrections : Florence Richard - Gérard Tassi
N° d'éditeur : 957
Imprimé en France en août 2005
sur les presses de l'imprimerie France Quercy.
N° d' impression : 52034
N° de projet : 10127089
Dépôt légal : mars 2000